# 猪木流

## 「過激なプロレス」の生命力

アントニオ猪木×村松友視

構成＝福留崇広（「スポーツ報知」記者）

河出書房新社

# 猪木流

「過激なプロレス」の生命力

目次

ブックデザイン＝鈴木成一デザイン室　カバー写真＝毎日新聞社　著者近影＝橋本田鶴子

# 猪木流

「過激なプロレス」の生命力

序章

# アントニオ猪木と「激しい季節」

# 過激な時代の風

村松友視は、アントニオ猪木を強く意識した日を今も鮮明に覚えている。

**村松**　猪木さんが日本プロレスを追放された日でした。その時、僕は単なるプロレスファンですから、裏の事情なんか全然分かりません。だけど、追放事件を報じる東京スポーツの見出しや、東スポを買った大井町駅の売店周辺の風景をよく覚えているんです。

一九七一年一二月一三日、アントニオ猪木は、会社乗っ取りを計画したとして、日本プロレスから除名処分を受け、追放された。

**村松**　当時の僕は中央公論社の編集者でした。一九六八年頃から始まった、既成の社会に対する異議申し立ての運動が時代を揺さぶっていた。今にして思えば奇妙なつき合いなんですが、僕は、日大闘争の先頭に立っていた秋田《あきた》明大《あけひろ》と新宿ゴールデン街で飲んだりして、親しくしていたんです。僕からすると、その十年前の六〇年安保闘争は東大生とか頭の良い優等生が物事を鋭く考えて社会を批判する学生運動であって、あまり共感を持てなかった。でも、六八年からの激しい季節には、秋田明大のような優等生の枠を外れるというかその価値観を飛び越える存在が、秩序に対して鬱屈《うっくつ》した抵抗を試みている気配があって、心惹かれていましたね。

でも自分は、伝統を重く見るタイプの大手出版社に勤めているわけで、だから余計に、あらかじめ決められた価値観に反発する気分がもやもやしていました。自分の人生に鬱屈もしていたそんな時に、猪木さんの日本プロレスからの追放事件が起きた。プロレスは、中学生の時に初めて街頭テレビで力道山とシャープ兄弟の試合を見てからずっと追いかけてきたけど、力道山の晩年は、なにか腐敗したような印象があって、テレビも熱心に見なくていいやという気分がわいていた時期でもあったんです。そこへ力道山の刺殺があり、さらに気分が離れた上に、豊登《とよのぼり》や吉村道明とか、後を継いだ人たちにもさほど興味が持てなかった。そのあとのジャイアント馬場とアントニオ猪木のＢＩ砲も、力道山の余韻の中でやっているようにも見えて、プロレスは僕の中でだんだん興味の中心から外れていきました。

だけど、あの追放事件ですべてが変わった。

それまでのアントニオ猪木に対しても、どこか日本人離れした匂いのする若々しいプロレスラーとしての姿に魅力を感じていました。当時、日本人的でないテイストを持った日本人レスラーって、ヒロ・マツダがいたけれど、アントニオ猪木にはマツダよりも存在感の説得力があった。肉体の動きや表情から、今後の伸びしろをすごく感じた。順調に行くとどう変貌するんだろうという期待があったんですが、ずっと馬場の二番手でいて、それもうまくいってないんだろうなという時間が割と長く続いていた。

それが、追放されたことで馬場と猪木が五分と五分になったと感じました。「あっ！やったな」と、喝采《かっさい》したいぐらいでしたね。その時にアントニオ猪木という存在が僕の中でクッキリと捉《とら》えられるようになったんです。世の中に抵抗する秋田明大への共感と似たような、過激な時代の風を感じました。そこからアントニオ猪木というプロレスラーにはっきりと肩入れするようになったんです。

**猪木**　あの追放は、乗っ取りとか何とか言われたけど、当時の日本プロレスの幹部が俺たちがリングで稼いだ金を銀座とか赤坂とか夜の街で使っていて、そんな組織を変えようと思ったんです。馬場さんもその考えに賛同してくれた。だけど、どこかで裏切るヤツも出てきたりして、俺だけが悪者にされたわけです。当時の日本プロレスは大きな組織だったから、追放されたのは俺にとってダメージではあるんだけど、それよりも逆に、すぐに新しい団体を作って自分がやりたいプロレスができるという喜びがありました。ゼロというよりマイナスからの出発だったけど、そんな清々《すがすが》しさがあったことを覚えている。

追放の翌年の一九七二年一月一三日、猪木は新日本プロレスを設立した。選手は猪木の他に、山本小鉄、魁勝司《かいしょうじ》（後の北沢幹之《きたざわもとゆき》）、柴田勝久、木戸修、藤波辰巳（現・辰爾）のたった六人だった。三月六日、東京・大田区体育館で旗揚げ戦を行ったが、スター選手は猪木ただ一人、客を呼べる外国人選手もいない、テレビ中継もない苦難の船出となった。

**村松**　猪木さんが新日本を旗揚げした時は、ああ、こういう形で猪木の世界ができるんだなというプロレスファンとしての喜びがあった。これまでのプロレスとは一線を画すアンチテーゼが成り立ったと思いました。

当時、アントニオ猪木と村松友視は、まったく接点のない、プロレスラーと編集者だった。ただ、日本プロレス追放をきっかけに村松は猪木にのめり込み、試合だけでなく存在そのものについてまで思考するようになる。その思想と言葉は、一九八〇年に村松が刊行するデビュー作『私、プロレスの味方です』に結晶し、二人の出会いが生まれた。

**猪木**　あの本を読んだ時に、俺のことを、ああ分かってくれる人がいたんだという発見があった。

**村松**　書いた時はまだ編集者で、単なるファンだったわけだから、猪木さんが喜んでくれるかどうかなんておよそ想定外であり未知数だった。それまで力道山も馬場も猪木も全部同じプロレスだとされていたと思うんですが、あの本は、それぞれを区分けすることに挑んだ。そのことによって、僕としては猪木さんがやっていることをくっきりと際立たせようとしたんです。

猪木さんはそこに、自分にスポットが当たったと感じたんだと思います。そういうことをかぎ取る嗅覚《きゅうかく》は鋭いですからね。僕のほうは、書いているうちに猪木さんのプロレスを評価する言葉がどんどん出てきた。試合だけじゃなく猪木さんの存在について考えると、僕の中に眠っていた言葉の中から、今こそ使えるという表現が次々に導き出されていった。僕は物事に対して、これは一体何だろうと考えていくと、意外なほどに妙な言葉が弾き出されてくるタイプなんです。

## アリと猪木と村松友視

『私、プロレスの味方です』で、猪木のプロレスを「過激なプロレス」と定義し、縦横無尽にプロレスと猪木を論じていった村松が、唯一、書き切れなかった試合があった。

一九七六年六月二六日、日本武道館で実現したプロボクシング統一世界ヘビー級王者モハメド・アリと猪木との格闘技世界一決定戦である。極東のプロレスラーと現役のボクシング統一世界ヘビー級王者の前代未聞の闘いは、世紀の一戦と謳《うた》われた。しかし試合は、猪木は寝た状態からの蹴りに終始し、アリも数発のパンチを繰り出すのみという噛《か》み合わない展開となり、一五ラウンド判定引き分けに終わった。直後、世間とマスコミは「世紀の凡戦」と酷評し、猪木には批判と嘲笑《ちょうしょう》の矢が集中した。

**村松**　あの試合は『私、プロレスの味方です』を書く少し前に行われたんですが、世間では嘲笑され罵倒《ばとう》され、プロレスはやはりプロレスにすぎないんだと再認識されて、終わった。その時に自分の中で、その世間に対しての別の価値観が浮かばず、反撃する言葉もありませんでした。自分もあの試合に不満で、もっとプロレス的ダーティーさでいいから、決着をつけてくれた方が気持ちがいいとも思っていた。言ってみればまだ、そのレベルの一ファンだったわけです。自分もそういうふうに不満に思っていて、世間の罵倒や冷笑に重なる部分があったことが、言葉が浮かばない理由だったと今となっては思います。

『私、プロレスの味方です』はベストセラーとなり、村松は中央公論社を退社して本格的な作家活動に入る。一九八二年に『時代屋の女房』で直木賞を受賞し、時めく流行作家となった。以後も数々の意欲作を世に送り出してきたが、猪木×アリ戦を書き切れなかったことは、作家生活の中で、心にトゲのように引っかかっていた。

**村松**　あの試合から四十数年経って、物書きという時間を積み重ねていくうちに、やっぱり作家として、その中途半端な及び腰はまずいんじゃないかという後ろめたさを感じるようになりました。

そして、かつて書き切れなかった猪木×アリ戦に向き合う時が来る。きっかけは、二〇一六年六月三日、アリが七四歳で亡くなったことだ。

**村松**　アリが亡くなった時に追悼番組が放映されました。そこで、もう一回あの試合を見ることができた。その時に、自分の気持ちの中で引き金が引かれた感じがしました。

アリについての資料を読み込むうちに、村松のなかに、あの試合を表現する言葉の弾丸が装塡《そうてん》された。二〇一七年一一月、村松は『アリと猪木のものがたり』を上梓《じょうし》した。一九八二年に『ファイター――評伝アントニオ猪木』を出版して以来、三五年ぶりにプロレスについて書いた一冊は、「世紀の凡戦」と酷評されたこの闘いに、当時、誰も見いだすことのできなかった、二人が溶け合う共通項をあぶり出した。

**猪木**　村松さんから、アリ戦を書きたいという連絡をもらった。その時、俺に遠慮しないで思いっきり書いてください、と言いました。村松流に解釈してもらっていい。俺の思いは、村松さんに充分託しているから。

**村松**　これは事実を書いているんだけど、僕の中で産み出したフィクションでもある。同時に、猪木さんとアリを見続けてきた僕の物語でもある。

村松は、社会が揺り動かされる「激しい季節」に猪木を発見し、そのプロレスを追い続け、作家としての自らの言葉を発掘した。猪木は、村松が刻んだ言葉によって自己を再発見し、さらに「過激なプロレス」をリング上で表現し続けた。プロレスと文学というまったく異なるジャンルで、これほど密に響き合った関係は、この二人をおいてないだろう。

本書は、猪木と村松に、あえて場所と時間を変えて、それぞれ四回ずつ長時間インタビューを行い、両者の言葉を組み合わせて編み上げたものである。「アリ戦」につながる「過激なプロレス名勝負」、猪木のルーツたる「ブラジル」、猪木の師である「力道山」、宿命のライバル「ジャイアント馬場」、猪木が関わり続ける「北朝鮮」……同じテーマを別々に訊《き》くことで、顔を合わせた対談とは色合いが異なる本音の言葉が飛び出してきた。唯一無二の関係とも言える両者が激突する「名勝負ものがたり」をじっくり見届けてもらいたい。

# 第1章
# 不可能を可能にしたアリ戦

# 強さをあざやかに伝える力

一九七六年六月二十六日、日本武道館でアントニオ猪木とモハメド・アリは闘った。試合は「格闘技世界一決定戦」と謳われたが、交わるはずのないプロレスラーと現役のボクシング統一世界ヘビー級王者の対決は、試合前から荒唐無稽《こうとうむけい》なものとして世間の嘲笑の的となった。なぜ、猪木とアリはこの試合へと向かったのだろうか？　この謎を村松は「神秘」と表現する。

**村松**　アリから見ても、世間から見ても、どんな動機からであれ猪木さんがアリに嚙みついたことは、冗談みたいなことでした。でも、それが現実になったことの神秘。事の成り行きの神秘というものを感じざるをえない。

**猪木**　今、振り返ると当時は随分、強がっていたなと思うこともあります。ただ、あの時の俺にとっては、アリと闘うことは神秘でも不思議なことでもなかった。

ブラジルで力道山にスカウトされた時、ただ純粋に強くなりたいと思って日本に帰りました。入門してからは、道場で無我夢中で練習しました。当時は、早大レスリング部出身の吉原功さんとか、柔道出身の大坪清隆さんが教えてくれたんだけど、半年で俺を押さえ込めなくなった。押さえ込んでも、体が柔らかいからブリッジがきいて、腕十字でも普通なら決まるのに、すぐ体をねじって撥ね返した。そのころには、誰も俺を押さえ込めなくなって、入門から半年後にデビューできました。

今、思えばデビューまでは早かったと思う。別にアマレスとか格闘技の経験があったわけじゃなくて、農園で働いていた青年が六カ月でリングに上がれるなんて、考えられないことだった。傍《はた》から見たら、うらやましい存在だったかもしれません。必死で強さを追い求めて、自分の中でも俺は強いという手応えがあった。だけど、世間からは、プロレスは八百長だ、ショーだとか差別されていた。そういう劣等感を常に持っていたんです。

劣等感って大事でね。自分の中で劣等感をどう受け止めるか。それをバネにして「見てろよ！　お前ら！」ってなれば、それはエネルギーに変わるわけです。大相撲とか野球の八百長の記事が出ると、すぐにプロレスが引き合いに出された。そんな記事を見ると「バカヤロー！　今に見てろこの野郎！」ってね。それがひとつの俺のパワーの源だった。

そういう思いで新日本を旗揚げして、プロレスこそ最強という旗を掲げました。強さを追い求めることが俺にとってプロレスの基本で、そこは、俺の中で絶対に譲れない部分でしたね。だから、アリとの試合も俺の中ではその延長線上でつながっていた。挑んでいくことは不思議じゃなかったんです。

**村松**　そういう猪木さんの思いって、自分が強いという実感から来る闘争心なんですかね。若手の時に道場のスパーリングで誰も自分に勝てなくなったという時の物足りなさを、常に外側に求めていく。ボクサーが世界統一戦をやりたがるように、強い相手とやらないと自分の気持ちが落ち着かない性《さが》みたいなものがあるんでしょう。ショーマン的なプロレスをやったとしても、シリアスな闘いの部分を消しているかというとそこも堅持している。人に見られる中での闘いも堅持している。そこで強さを見せる。そのあたりの虚実が離れないんですよ。

僕が思う猪木さんの強さは、例えば藤原喜明のような職人的な意味の、道場でやらせたら一番強いっていうレベルの強さじゃない。リング上で、強いということを、こんなにあざやかにその場にいる観客へ伝えることができるやつは他にいるのかという強さだと思います。強いやつがただ強さを見せるという、そんな冷静な因果関係ではない。道場論とは別の、もっと華やかで魅力的な強さとでも言うか。猪木さんは、リングの上で人に己《おのれ》の強さを見せる才能が抜群だった。

猪木がアリに「噛みつく」きっかけは、一九七五年三月七日、サンケイスポーツに掲載された小さな記事だった。当時、日本アマチュアレスリング協会会長を務めていた八田一朗氏が、アリが三月二四日に行うチャック・ウェップナーとの防衛戦へ向けたニューヨークでの調印式に出席した。その席でアリが八田氏に向かって「東洋人でオレに挑戦する者はいないか。ボクサーでもレスラーでも空手家でも誰でもいい。百万ドルの賞金を用意する」とぶち上げた発言が掲載されていた。

**村松**　アリの言葉に対して、あの段階の猪木さんは、アリがプロレスの名勝負みたいな試合をするならやってもいいと思ったのか。ルスカ戦的な試合を考えたのか。それとも、お互いに封じることは封じて攻撃することは攻撃するしかないような、現実のあんな試合を想定して嚙みついたのか。そこは今の猪木さんに訊いても答えが出ないような気がします。

## プロレスの地位を確立したい思い

**猪木**　あの発言はアリのパフォーマンスだったと思います。まさか、自分がしゃべったことを真剣に捉える俺みたいなやつがいるとは思ってなかったんだろうね。だけど、俺の中でアリが世界一強いという言葉というか評価を聞いて火が付いた。何を基準に強いと言っているのか。強いということなら格闘技で一番、強いのは俺らだって思っていましたから。だったら、やってやろうじゃねえかって、すぐに思った。そこに迷いはなかったです。

自分の強さを証明したい感情と同じぐらい、プロレスの地位を確立したいという思いもありました。何かっていうと八百長と言われ、同じ格闘技の柔道とすぐに比較された。柔道家は、何かあればすぐに「私たちはアマチュアです。お金はもらっていません」と発言していた。俺に言わせれば、嘘つけ、この野郎っていう世界でね。そういう裏に隠れている不合理な部分への反発もあった。

それと、マスコミの世界でも例えば、朝日新聞は絶対にプロレスの記事は載せない。逆にプロレスを攻撃していた。だったらボクシングの世界チャンピオンと試合をやって「載せさせてやろうじゃないか」という闘いでもあった。村松流に言えば「プロレス内プロレス」でヒーローをやっていればいいんだけど、俺の中にはいつも外に向かってそういう燃えるものがあったんです。

どうしてかというと、力道山時代のプロレスは、戦後、あれだけのブームを起こして、野球や大相撲以上に国民の心をつかんできたんです。力道山は日本プロレスを財団法人にすることを考えていて、実際、そういう動きもしていた。なのに、時が流れて他のジャンルより下に見られるようになっていた。そういう偏見は感じなきゃ感じないでいいんだけど、俺はそれを我慢することができなかったんです。プロレスの世界にいて、プロレスをもっともっとメジャーにしたいという思いを持っていましたね。

**村松**　それは猪木さんの中にある、大地に根ざしたところと、宇宙的な広がりのあるところの、両輪の世界だと思います。本当の闘いへ向かう部分と、プロレスの中でエンターテインメント的に劇的に展開させていく部分。猪木さんは、この二つを人前で同時にやるスタイルを持っていた。プロレスの世界でタイガー・ジェット・シンと試合をするのと同じ目線で、アリと本当の闘いをやることで世の中の「所詮《しょせん》、プロレス」という偏見を打ち砕こうという目論見《もくろみ》はあったと思う。猪木さんの中では、アリもシンもつながっていたような気がします。

サンケイスポーツの記事から三カ月を経た六月九日、猪木は、具体的な行動に出る。アリが、六月三〇日にマレーシア・クアラルンプールで行うジョー・バグナーとの試合前にトランジットのために降り立った羽田空港で記者会見を開いた。そこに新日本プロレスの渉外担当者を派遣して挑戦状を手渡したのだ。

**猪木**　あそこで、すぐに行動した。向こうに何の話もしていなくて、いきなり挑戦状を渡すって、今の時代なら考えられないよね。とにかくあの時は、何がなんでもやるんだっていう、ただそれだけで無我夢中だった。

掟破りの挑戦状から、交渉が動き出す。猪木がファイトマネーを勝者配分方式で一千万ドル提供するとぶち上げたこともあった。しかし、水面下での交渉は、難航と決裂が交錯する紆余曲折《うよきよくせつ》の連続だった。猪木の中で光が見えたのは、一二月のロサンゼルスでの交渉だった。

**猪木**　ロスでアリ側のプロモーターと交渉した時に、向こうから「お金はあるのか？」と訊かれてね。「いくらだ」と尋ねると、「一千万ドルだ」と返答があった。それで、「分かった」って受け入れたわけです。

当時の為替《かわせ》レートは一ドル約三〇六円だから、一千万ドルは約三十億円に相当する。猪木個人にも新日本プロレスにもこの途方もない金額を払う力はなかった。

**猪木**　だけど、その時に俺が思ったのは、確かに高いけど、一千万ドル払えばアリと試合ができるのかという感覚だった。どうしてそう思ったのかって、何回も訊かれるんだけど、いまだに分からないんです。金なんか関係ねえというか、金なんかどうにでもなるっていう感覚というか……これは二千万ドルって言われても多分、受け入れたと思う。俺の人生の中で元気のいい時代だったということもあるでしょう。あと多分、俺は金銭的にずれているんでしょうね。ブラジルで事業をやってた時も、後から回収できるだろうって思って何億円もつぎ込んでね。まあずれることもいいことなんじゃないかな。

**村松**　今、考えると、金額としてはとてつもないリスクなのかもしれないけれど、プロレスラーが、ボクシング世界王者のアリと試合ができることの方が猪木さんにとっては金で換算することなどできない価値だったと思います。だから猪木さんの、一千万ドルあればできるんだっていう受け取り方は、ある意味、猪木さんらしいとも言える。一千万ドルあれば、誰でもアリと闘うことができるというわけじゃない。そこには、アリとアリ陣営の、心の襞《ひだ》がなかなか読めないような、直感的で不思議な判断基準があったと思います。猪木さんから見れば、アリ陣営の判断基準が読めないからこそ、たとえそれが破格の一千万ドルでも具体的な数字を提示されたという意味で受け入れることを決断したんだと思う。

## アリはなぜ猪木の挑戦を受けたか

一千万ドルを猪木が受け入れ、交渉は一気に前進した。そして、年が明けた一九七六年二月二六日、ＡＰ通信社が「アリと猪木が六月に東京で対戦」と打電し、三月二五日にニューヨークのプラザホテルでの調印式に至る。

**猪木**　アリは別に俺と闘わなくても良かったと思います。試合を受け入れた背景は分からないけど、ジョージ・フォアマンと闘ったザイール（現コンゴ）のキンシャサでの試合でギャラが未回収のものがあったのかもしれないし、その時アリはハーバード・モハメドというブラック・ムスリム（アメリカの黒人による民族主義的宗教組織）の指導者に心酔していて、そのハーバードが運営する教団で資金不足が起きていたという事情があったかもしれない。

**村松**　それは猪木さんらしい受け止め方だと思う。ただ、それはアリじゃなくて、アリ陣営の考えでしょう。アリは、最初、自分の名前を売るために世界中で声を上げているプロレスラーと同じように、アントニオ猪木を見ていたはずなんです。それが妙なことからズレていって実現せざるをえなくなった。そのズレたところに、アリにはアリなりの、猪木の挑戦を受ける筋立てというものがあったはずです。

モハメド・アリ、本名カシアス・クレイは、一九六〇年九月、ローマ五輪で金メダルを獲得し翌一〇月にプロデビューした。ほどなく、ブラック・ムスリムの指導者で黒人運動家のマルコムXと出会い、その教えに共鳴した。

一九六四年二月二五日、史上最強と言われたWBA・WBC統一世界ヘビー級王者のソニー・リストンを七回TKOで倒し、ボクシング界の頂点に駆け上がった。世界に衝撃を与えた翌朝、イスラム教への入信を公表し、カシアス・クレイからモハメド・アリへ改名した。一九六七年四月、ベトナム戦争の兵役を拒否し、アメリカ合衆国から世界王座とボクサーライセンスを剝奪《はくだつ》された。この時のアリの立場を、村松は『アリと猪木のものがたり』でこう書いている。

《アメリカ合衆国は、ボクサーとしての絶頂期にあるアリのチャンピオンベルトとライセンスを剝奪し、いわば丸裸にして荒野に投げ捨てたのだった。だが、その仕打ちが逆にモハメド・アリの輪郭をさらにくっきりとさせてゆく。

ベトナム戦争への徴兵を拒むアリの、デモ行進とはまるでちがう果敢な姿勢と行動は、黒人の公民権運動をも白人の平和主義者をも包含していった。アメリカのベトナム戦争介入を契機として、世界中に吹き荒れた反アメリカの〝激動の風〟は、アメリカの黒人・白人の〝反戦〟運動とも呼応し、モハメド・アリはこの〝過激な風〟にとっての象徴的なシンボルとなっていったのだった》

**村松**　黒人の公民権運動と反戦運動のシンボルであったアリにとって、猪木からの挑戦も、どこかその延長線上でやらざるをえないところがあったと思います。自分は黒人であり、黒人を差別する白人、さらにはアメリカという国とも闘ってきた。巨大な敵と対峙《たいじ》していたアリが、自分より弱者の、名も知らない極東のプロレスラーの挑戦を拒否することは、上から目線で見下ろすようなものであり、自分の中の価値観を否定することになる。アリが生きてきた世界では、自分を差別する者、黒人なのに白人的価値観に染まって黒人を差別していることに気がつかない黒人ボクサーたちは見慣れた風景だった。そういう者たちを、ボクシングの世界で引っ繰り返す闘いもよく分かっていた。

でも、そんな自分が置かれた環境とは何か違う、たとえれば、初めて爬虫類《はちゆうるい》を見たような妙な匂いをアントニオ猪木に感じたかもしれません。猪木さんからの挑発は、それほど印象深く受け取ったんじゃないか。猪木さんは最初から確信があったって言うかもしれないけれど、『アリと猪木のものがたり』を書くにあたって、アリの側を洗い直していくと、アリにとっては世界各国からのあらゆる挑戦者は売名行為を含めて掃いて捨てるほどいて、様々な人から挑発の言葉を向けられていたわけです。

それなのに、なぜ、その中からこの猪木っていう石だけを掴《つか》んで拾ったのか。それは猪木さんの側から見れば当然だったとしても、アリがそのうちのひとつの石だけに触れたということは、不思議なわけです。アリは、自分の価値観の中に全く入っていない極東のプロレスラーが、本気でボクシング世界へビー級王者である自分に挑発を繰り返していることを見続けて、アントニオ猪木という生命体に何か不思議な興味を持ったんじゃないかと思うんです。それまでの人生で一回も感じたことのないそのかし、これは何だろうという異物感を感じて、引き寄せられたんだと思う。

アリの生き方、立場、そしてアントニオ猪木への興味などが入り混じって、アリは猪木との試合へと動いた。そう考えないと、アリがこの試合を受けた理由が読み解けないんです。猪木さんの方も、時間の堆積《たいせき》の中で背負ったものによって後戻りできなくなった。お互いが、陣営も含めて、ゼロにするわけにはいかなくなり、どんどん時が進んでサインすることになったのではないでしょうか。

**猪木**　あの当時、俺はアリが黒人運動に携わっているとか、差別と闘っているなんて、まったく知らなかった。彼がソニー・リストンを破って二二歳で世界チャンピオンになった時、俺はアメリカ修行時代で話題になっていたから、名前はもちろん知っていました。だけど、その後、俺自身は自分の世界で必死に生きてきたから、アリについても名前しか知らなくて、どんな人間で何を背負っているかなんて知識は持ってなかったんです。

今、振り返ると、相手を知らないからこそ勢いで突き進むことができたという部分があった。だから、あの時点ではかえって知らなかったことが良かったのかなと思います。

## ありえないことを実現する「直感力」

**村松**　アリのことを知って共感あるいは評価してしまうと、闘う段になってそれはマイナスですから、猪木さんが知らなかったことはあの試合を考える上では良かったと思います。

僕自身、絶対に実現するはずがないと思い込んでいたこの試合が現実になったという意味では、プロレス少年だった頃に戻ると、東富士《あずまふじ》がオルテガにひどい目にあって、そこへ花道からガウンを脱ぎ捨てて疾風のごとくリングに上がった力道山がオルテガをボディスラムでたたき付けてこらしめるみたいな、まるで歌舞伎のようなあり得ないシーンを思い出してしまうんです。あの場面を見た少年にとって、あり得ないことがあり得るのがプロレスだというふうに思ってしまった。僕にとって、猪木×アリ戦が実現した時、そういう力道山の姿を重ねた部分がありましたね。

村松の言う力道山の歌舞伎さながらのシーンは、一九五五年七月一六日、大相撲の横綱からプロレスへ転向した東富士が〝メキシコの巨象〟ジェス・オルテガと対戦した時のことだった。中学生の時に静岡市役所前の街頭テレビでこのシーンを見た興奮を、村松は著書『力道山がいた』でこう綴《つづ》っている。

《こんなことがあり得るのか……私は、何と形容してよいか分からぬ気持ちで、街頭テレビの画面の中のけしきを、喰い入るようにみつめていた。花道から疾風のごとく登場した力道山には、アラカンこと嵐寛寿郎の鞍馬天狗、「勧進帳」の弁慶、片岡千恵蔵の多羅尾伴内など……つまり不可能を可能にしてくれる正義の味方のイメージがかさなって見えた》

**村松**　例えば松井秀喜がヤンキースへ行った時に、ヤンキー・スタジアムの最初の試合で満塁ホームランを打った。あれを見た時に僕はプロレスを見ているように思った。それは今の大谷（翔平）もそうなんです。こんなことあり得ないと思っているところで、あり得ないことを見せてもらうのが、僕にとってのプロレスなんです。エンターテインメントの究極を仕掛ける装置としてプロレスがあったわけです。その装置を最大限に生かして仕掛けるところに立っていたのが猪木さんだった。

**猪木**　何かを仕掛けようっていう意識は常に持っていました。ただ、アリ戦に限って言えば、仕掛けとか何とかじゃなくて、勢いってすごいなってほんと思う。アリ戦へ向かっていったのは、根本は強さを認めさせてやるって、それだけです。後は勢いですから。七五歳になった今からすれば、これこそ〝元気があれば何でもできる〟っていう言葉を地で行ったようなものでね。〝元気があれば何でもできる〟って、そういう勢いの積み重ねで生まれたようなもんですから、本当にいい言葉だと思う。

**村松**　猪木さんって宝探しが好きな少年みたいな人なんですよ。その個性を考えると、試合が決まるまで、猪木陣営とアリの代理人たちとの交渉的なせめぎ合いを全部計算して想像し尽くしていたというよりも、むしろ、どこかで成り立つかもしれないという思いがあったんじゃないか。無理なことをやっているのは分かっているんだけど、なぜかそれが実現するような気がするという、そういう特権的楽感力（笑）みたいなものからくる直感があったんじゃないですかね。

**猪木**　確かにそういう部分はありました。あの時は、俺の中の直感力が最大限に働いた。理屈じゃなくて、よし、やるぞという部分と、俺が動けば、アリは呑《の》むぞという直感力でしたね。

猪木と村松が明かした「直感力」という感性を、猪木はどこで磨いたのだろうか。

**猪木**　それは、ブラジルでしょうね。

猪木が一三歳で移民し、自分の人生の「原点」と呼ぶブラジルへ時間を遡《さかのぼ》り、アリ戦へとつながる源流をたどってみたい。

第2章

# ブラジルという原点

## 新天地へ行くという燃える思い

アントニオ猪木が「俺の原点」と語るブラジルへ渡ったのは、一九五七年、一三歳の時だ。次兄と姉たちを残して、母方の祖父・相良寿郎、母・文子を含む家族六人でサントス丸に乗りブラジルへ向けて横浜第三埠頭《ふとう》を出港した。

**猪木**　港を離れる時に五色のテープがパァーッと飛んで、あんな華やかな光景は生まれて初めて見たようなものだから、出港した時のことは今も鮮明に思い出しますよ。景色だけじゃなくて、同じように覚えているのは、新天地へ行くぞっていう燃える思いですね。これから新しいことが始まるぞっていう思い。他の兄弟たちは、もしかしたら別の意識があったかもしれないけど、俺はそう思っていました。今もあの時の燃える気持ちというのはハッキリと覚えている。

一三歳の多感な時期だったから、船の中では見る物、触る物すべてが新鮮で、パナマ運河の狭い水路を通るときにジャングルの木に手が届きそうで、その枝に大蛇がぶら下がっていたり、ワニが岸辺で日光浴していたり、そういう生まれて初めて見る光景も忘れられませんね。

**村松**　猪木さんは、物事を常にプラスに考える天性がありますから、ブラジル移民で日本を離れるというセンチメンタルな時でも、そういうふうに捉えるところがあったと思います。

アントニオ猪木、本名・猪木寛至《かんじ》は、石炭商だった父・佐次郎、母・文子のもと、一一人兄弟の六男として一九四三年二月二〇日に横浜市鶴見区で生まれた。

**猪木**　寛至っていう名前の由来は、一つには物事を完全に成し遂げるという意味でね。もう一つは、子供はこれで打ち止めにしようみたいな。それでも、その後に二人生まれたけどね。ワッハッハ。生まれたころは戦時中だったけど、オヤジの石炭の会社は日本鋼管に石炭を卸していたりして、大変、景気が良かったみたいで、他の家庭がどうなのかは分かりませんが、比較的、裕福な家だったと思います。

ところが、終戦から間もない、五歳の誕生日を迎える九日前の一九四八年二月一一日、佐次郎が心筋梗塞で急逝した。父は吉田茂の自由党の結党に参加し、衆院選への出馬を模索していた矢先に天寿を全うした。

**猪木**　オヤジのことは、亡くなった時のこともおぼろげにしか覚えていないですね。兄弟からは、「オヤジはお前に期待していたぞ」と聞かされたけど、そういう話を聞いてもピンと来ないところはありました。

父を失ってからは、祖父の相良寿郎が父親代わりとなって、育ててくれた。

**猪木**　俺は、とにかくおじいちゃん子で、オヤジが生きていたころから五歳ぐらいまでじいさんの布団で寝ているような子供だったですね。戦時中に空襲警報が鳴って、俺一人、逃げ遅れて庭の防空壕《ぼうくうごう》に入れなくて外に置いて行かれたことがあったらしいんです。その時、泣かないでじっとしていたら、じいさんがその姿を見て、「こいつは腹が据わっている」とほめてくれたっていう話を後から聞かされました。あと、じいさんは見栄を張るようなところがあって、終戦後、家にお客さんが来ると、すき焼きをごちそうしていた。そのころは家計的にも苦しい時期だったから、多分、ばあさんが質屋に行って肉を買う金を工面していたと思うんです。

そういう見栄を張るところもあったけど、お客さんが来ると、俺が呼ばれてね。「手を見せろ」「足を見せろ」ってよく言われた。それが何なんだか分からなかったけど、どこかで、じいさんは、俺のことを認めてくれていると感じていて、そのころすでに「俺は人とは違う」という意識が芽生えていたと思います。

**村松**　おじいさんから猪木さんへの影響はすごくあったと思います。そのＤＮＡは、猪木さんの中で脈々と生きていて、それが燃える闘魂的な精神として開花していったと思う。前におじいさんの写真を見たことがあって、こういう人だったのかと思ったんですが、猪木さんからお祖父さんとの関係を聞いて、その後の猪木さんの人生を見つめ直すと、こういう人の遺伝子を受けているんだなと改めて気づくんです。

父の急逝は、順調だった会社経営に苦境をもたらした。ブラジルへの移民はそんな状況を打開しようと、三兄が提案し、猪木家はブラジルへ渡ることを決断した。

**猪木**　パナマ運河を通った時に、鉄道が走っていて、じいさんが、「昔、この鉄道の権利を買わないかっていう話があって、その時に買っておけば、今頃、オレは世界一の金持ちになれたかもしれない」っていう話をしてくれた。それがじいさんと交わした最後の言葉となってしまった。

パナマ運河を抜け、寄港した町で買ったバナナを食べた祖父は、腸閉塞を起こして急逝した。享年七七だった。船上で葬儀が営まれ、亡骸《なきがら》はカリブ海に葬られた。

## 祖父の死、そしてブラジルでの無我夢中

**猪木**　人生で一番、泣いたのは、小学三年でばあさんが亡くなった時と、このじいさんが亡くなった時なんです。あんまり俺が泣きじゃくるから船長さんが来て、「君のおじいさんは、海の守り神になったんだ。だから、ここを通るとき、すべての船はおじいさんのために汽笛を三回、鳴らすんだよ」と言ってくれてね。その言葉を信じたんだけど、後から聞けば、何てことはない、汽笛を鳴らすのは赤道を通る時の合図だったという話だったんです。

**村松**　移民に行く途中にそんな局面に遭遇したのは猪木さんの宿命で、その場面自体が、猪木さんの財産だとすら感じます。汽笛の話も、僕も何回も聞いたけど、それを笑い話にはしなくて、あらゆる船が汽笛を鳴らしてくれるという感動の方を上に置いて話す。そう

いう宇宙的な感覚が猪木さんにはあるんですね。

祖父の死という大きな悲しみを超えて、ブラジルのサントス港に到着した。そのまま列車を乗り継ぎ、リンスという町から車に乗って、ブラジルで最初に働くことになるコーヒー農園に着いた。

**猪木**　ブラジルに着いた翌日から農園でコーヒーの実を取る仕事が始まった。夜明けと同時に鐘の音で起こされてね、コーヒーの実を取ると手袋が破けて、掌《てのひら》の皮がむけて血がにじんでくる。でも、それよりも、今、思い出すと一番、大変だったのが草刈りだった。スコールが降ると、すぐに雑草が伸びて、常に地面をきれいにしておかないといけないから、朝から晩まで草を刈ってましたよ。顔中に砂ぼこりが付いて、朝一〇時ぐらいに朝飯の弁当を農園の木陰で食べるんだけど、その時に、顔にこびりついた汗まみれのほこりを手でぬぐう感触は、今でも忘れられません。

その時は若かったし、生活というのはこういうもんだと思っていたから、辛《つら》いとかどうとかなんて後からはいくらでも言えるけど、その時はまったく考えられませんでした。ただ、ひたすら一日一日を精いっぱい生きていた。

**村松**　当時の猪木さんは中学生ですから、人間の感性が形成される非常に多感な時期で、そういう時代にブラジルという風土で生活したことは、アントニオ猪木になるための前提として大きい。ちまちましたことじゃなくて、ジャングルがあって、地面と空が向かい合うような雄大さが身についたんでしょう。それがプロレスの世界で、普通のレスラーとは違う、破格の空気を身にまとうことにつながっていった源だと思う。

**猪木**　プロレスに入って、練習でヒンズースクワットを何回も繰り返すのは確かに辛かった。そこで逃げる選手もいたけど、俺は辛いから逃げようなんて思ったことはなかったです。それはブラジルでの生活があったからだと思います。農園では、俺たち労働者は敷地の中で住み込みで働いていたんですけど、労働が過酷でそこから夜逃げした人もいた。逃げようとした人が銃で撃たれたという噂を聞いたことがあって、そうなると、もうそこから逃げようなんて思わなくなる。そこは閉ざされた世界で、毎日、必死に働くしか生きる道はなかったですね。

**村松**　その閉ざされた世界は、奴隷労働のようだったと今からすると言えるんだけど、その時は他の何かと比較はできない世界で過ごしていたから、猪木さんは怯えて閉じこもっていた感覚はなかったんでしょう。むしろ、ジャングルや砂や星に囲まれた閉ざされた世界の中で、何かをまっとうする感覚が育まれたんじゃないかな。閉ざされた中で育まれた感覚は、やがて闘うことになるリングでの動きにもつながっていったと思う。

**猪木**　プロレスに入っても、そこは同じように閉ざされた世界でした。成長期だから、そこで不合理とか不満を感じはしたけど、毎日、無我夢中でやるしかなかった。ブラジルのコーヒー農園での労働と同じで、逃げようという考えは浮かばなかったですね。それとブラジルでの生活は、レスラーになった時に最高の経験になって生きたんです。

どういうことかというと、毎日の労働でもの凄い距離を歩いて、自然に足腰が鍛えられた。凄《すさ》まじい暑さと湿度の気候にも耐えなきゃいけないから、あらゆる環境に体が対応できるようになっていったんです。そのおかげで、誰にも負けない強靭《きょうじん》な肉体を作ることができましたね。

**村松**　その話を聞いて思い出すことがあります。一九七九年に猪木さんがパキスタンでジャラ・ペールワンと試合をやる前だったと思うけど、記者の一人が猪木さんに「パキスタンのレスラーは穴を掘って埋めるだけっていう、土を掘り出して穴に戻すことだけを一日中くり返すトレーニングをするやつがいるらしいんですけど、そんな選手と闘うのって怖くないですか？」って質問したんです。その時、猪木さんは、実にあっさりと「そうですね」って言って受け流していた。それは、猪木さん自身もそういう強さをブラジルで培っていたから、どうってことねえやって感じだったんでしょう。労働の中で培った肉体って、今のようにジムがある時代の目的意識を持った鍛え方じゃない。ブラジル移民の時、猪木さんには何が起きても対応できる肉体の日常があった。その中で生き続けてきた強さが、プロレスラー・アントニオ猪木を支えていたんでしょう。

**猪木**　ブラジルで鍛えられたのは肉体だけではなくて、直感力という勘も養われたんです。ある時、農園の横のジャングルに兄貴と入ったことがあって、山刀《やまがたな》で木を切って自力で道を作ったんだけど、途中で元の道が分からなくなって、迷ってしまった。半日、彷徨《さまよ》って出られなくなったことがあった。周りは鬱蒼と木が生い茂っていて太陽の光が差してこない。昼間なのに真っ暗でね。だいたいこの辺から入ってきたから、ここを抜けて行けばいいかなと見当を付けながら、勘を働かせて、やっとジャングルから出られた経験があったんです。この時を思い返すと、経験に勝るものなしという気がします。そこで直感力という俺が持つ独特の勘が培われた。

自然の中で身についた直感力が、アリ戦の時でも、誰もが「できるわけねえだろ」って言っている時に「この試合はできる」という勘がまず働いて、実現につながったと思うんです。

## 猪木の「お母さん」

村松も猪木の直感力に直に触れたことがある。一九八二年二月に『ファイター――評伝アントニオ猪木』の取材でブラジルを訪れた。目的は猪木の源流を探ることで、猪木一家が最初にブラジルに降り立ったサントス港や、当時、猪木が手がけていたリサイクル事業会社「アントンハイセル」の工場などにも足を運んだ。

**村松**　この時、たまたま猪木さんもブラジルに来ていて、アントンハイセルの工場へ行った時に、ちょっとその辺を歩いてみましょうかって、二人で歩いたことがあった。そこは、道沿いの木に果物のような実がなっているところで、僕なんかが見ると、その実が何か分からない。それを猪木さんは、ピュッと取って食べてみせてね、「これ大丈夫ですよ」と言って、それを僕も食べたりした。猪木さんの知識として、これは食べられる木だと知りぬいているほど、ブラジルの土壌で余裕をもって育ったわけじゃないと思うんです。だから、これは食べられるはずだという独特の直感が、その時、働くんだろうね。それで、僕も食べているわけで、その時に、この直感力はすごいと思いました。

ずっと猪木さんとつき合っていると、あの時期に言っていたこと、後で言ったこと、その間にいろいろやったことなんかが、プロレスラーとしても政治家としても、それがもの凄くつながって感じられることがあるんですね。ただ、それをずっと側で見続ける人がいないというのが困ったところなんですが……。

猪木の直感力を目の当たりにしたこのブラジル取材で、村松は、母・文子にインタビューした。

**村松**　お母さんにお会いした時、あ、この人が猪木さんのお母さんなのかと、驚きや意外性よりも、素直にそう思えた。そこには何の違和感もなかった。

猪木の母と出会った印象を、『ファイター――評伝アントニオ猪木』でこう記している。

《アントニオ猪木のお母さんは、眼鏡をかけたふつうの体格、きわめて穏やかなタイプだが、芯に強いものをもっていることがひと目でわかった。はっきりとした口調での話し方は、昔、家庭で洋菓子を焼いたようなお母さん、つまり山の手風の婦人像と私の目には映った。しかし、何人もの子供をもった、いわゆる多産系の肝っ玉かあさんという趣はまったくなかった。

夏向きの洋装だったが、古き良き時代のオシャレの感覚が、いまだに残っているようで、顔だちの整った品のあるお母さんだった。とにかく私は、このお母さんから、猪木がどんな子供だったかを聞き出さなければならないのだった。

「ドンカン、鈍感のドンカンな子供ですか……」

「ええ、ところがね、寛至がおとなになってこっちへやって来たときに、母さん、ぼくの仕事は鈍感じゃあつとまらないんだよって……。まあ、子供同士は気軽にアダ名をつけ合っていたわけだし、ドンカーン！て呼ぶと、ハーイなんて答えたりしてましたから、こちらはたいして気にしていませんでしたけど、やはり頭に残っていたんでしょうね。ま、プロレスってのは瞬間瞬間の勝負でございましょう。それはやはり鈍感じゃつとまらない、寛至に一本とられましたよ」

私は、直観的に、この語り口はどこかアントニオ猪木の語り口と、流儀が似ているように感じた。そして、私の質問に対して即座に言葉を発し、その言葉にはかならず明るい歯切れのよさがあった。それに、「プロレスってのは瞬間瞬間の勝負でございましょう」というセリフは、母親のとらえ方としてはちょっと一般的ではな

い。プロレスをそう表現できるというのは、いかにもアントニオ猪木のお母さんという感じだった》

**村松**　お母さんは、猪木さんがプロレスラーとして日本でものすごく注目を浴びているとこちらが言うと、そのまんまを受け止める人でした。猪木さんの伝説に話を向けても、「え？　うちの息子が？」という感じではなく、「それはありうるでしょうね」という感じで、何も驚かなかった。忘れられないのが、アンドレ・ザ・ジャイアントがブラジルに来て、身長二メートル二三センチという大巨人を見た時も、ビックリするのではなく、「あの人はすごく気を遣う人なのよ」と言っていたことでした。相対した相手への思い方は、アンドレとかプロレスラーとかっていうより、人として接しているわけです。
　だから、商品価値でもないし、巨大なレスラーでもない。気を遣う人と表現する。その、誰に対しても水平な目線というのは、まさしく猪木さんだったんです。今もお母さんの姿を思い返すと、猪木さんがいろんなことを面白がって、人のやらないことをやるやんちゃなところって、もしかしたらお母さんのＤＮＡかもしれないと感じることがあります。お父さんは石炭商で政治家で、スケールが大きくて男らしいと言えるけど、そういう男は割と明治以来、いたと思う。そういう求心力じゃなくて、一瞬にしてどうしたら面白くなるかを編み出す感覚は、お母さんの母性的な広がりから身につけたんじゃないかとも思う。これは僕の受けた印象で、猪木さんはそんなふうに思ってないかもしれない。猪木さんにお母さんについて語ることを促した人もいないし、ちょっと聞いてみたいところですね。

## 力道山との必然の出会い

**猪木**　お袋のDNAを強く受け継いでいるというのは、どうなんでしょう? こればっかりはよく分かりません。当然、血は引いてますけど、逆にお袋の欠点も見えるというか、非常にプライドの高い人で、兄弟に対しても目線が高いところがありました。元々、血筋をたどっていくと熊本の相良藩主の末裔《まつえい》で、お嬢さんとして育ったって聞いたことがあります。ただ、その目線の高さというのは、人を見下すとかバカにするというようなものではありませんでした。よく覚えている姿は、気品というか、いつもしゃんとしていて、自分という姿勢を持っている人でしたね。

お袋とは、ブラジルへ行ってからよく話すようになったんです。鶴見で暮らしている時は、石炭の景気がよくて家が工場と別宅の二軒あって、俺はじいさんやばあさんと暮らしていて、お袋は工場に住んでいたから離れて暮らしていたんですね。ブラジルでは、お袋たち女性は、俺たち畑仕事をする男のために弁当を作ったり、生活を支えることが仕事でした。そのころよくお袋から、「上には上がいる」って言われたことは覚えています。俺こそ一番って有頂天になってはいけないという意味で、その言葉はブラジルに行ってからよく聞かされました。俺がそれを教訓としてどこまで生きてきたのか分からないけど、その言葉は今も残ってますね。

もう一つ俺の原点という意味では、三年間、農業で親子が一つの目標を持って働いて、そこから抜け出すためには力を合わせなければやっていけないという連帯感があったんです。そこで培われた家族の連帯感が、もう一つの俺の原点と言えるかもしれない。

原点を作ったブラジルは、運命が変わる場所でもあった。力道山との出会いだ。一九六〇年、力道山は、二度目のブラジル遠征でサンパウロを訪れた。この時、全ブラジル陸上競技大会に出場した猪木は円盤投げで優勝し、その活躍が新聞記事になった。力道山は体格のいい若者をスカウトしようと各方面の日系人に連絡し、その中の一人に猪木が勤めていた青果市場の組合長がいたことから、力道山と出会うことになった。

**猪木**　力道山との出会いは偶然という言い方もできるんだけど、俺にとっては必然だったと思う。だって、日本じゃなくて地球の裏側で出会うなんて、普通の偶然じゃ考えられない。しかも、一家で落花生栽培をして、それが大当たりしてサンパウロに出てから、わずか一〇日後でしたからね。力道山との出会いは必然で、運命としか言いようがないんです。

**村松**　移民した三年間は、ブラジルを味わえる余裕もなかったかもしれない。明日も分からないような暮らしだったと思います。だから力道山に誘われた時、自分の生まれ持った体とか力で生きる世界が見えた気がして、これで何とかなると思ったんじゃないかな。ただ、それは単に体と力ではなく、虚実の入りまじる世界へ入り込むということだったわけですが。

力道山からスカウトされた猪木は、三年間暮らしたブラジルを離れ、日本へ向かう。プロレスラーとしての人生が始まったのだ。

# 第3章
# 力道山の死

# 力道山の光と影

ブラジルで力道山にスカウトされた一七歳のアントニオ猪木は、一九六〇年四月一〇日、羽田空港に降り立った。

**猪木**　羽田空港には力道山のブラジルからの凱旋帰国を見ようと、二、三千人のファンが出迎えに来ていたと思います。俺はそれまでずっとブラジルの農園で働いていた青年だから、群衆というか、これほど大勢の人が日の丸を振って力道山を大歓迎している光景には驚いた。大袈裟《おおげさ》じゃなくて、日本中にいる全員が羽田に来ているんじゃないかと勘違いするくらい、それほど凄い印象だった。

その時に、これだけの人を集める力道山に感動してね。大勢のファンに手を振る姿は、本当に神様みたいに思えた。この人についていけば何とかなると実感した。

戦後最大のヒーローとも言える力道山は、一九四〇年に大相撲の二所ノ関部屋へ入門し、関脇《せきわけ》まで出世したが、一九五〇年秋場所で現役引退した。その後、プロレスラーへ転向し、アメリカでの修行生活を終えた一九五四年二月一九日、蔵前国技館で柔道日本一の肩書を持つ木村政彦とのタッグでベンとマイクのシャープ兄弟と対戦した。日本のプロレス史上初のテレビ中継となったこの試合をきっかけに、日本中に熱狂的なプロレスブームの渦が起こった。

**村松**　力道山がシャープ兄弟と闘った時、僕は静岡県清水市の中学一年生だった。この試合は波止場の電器店のテレビで見ました。

村松は、その時の鮮烈な記憶を著書『力道山がいた』に記している。

《シャープ兄弟を次々と〝抱え投げ〟で叩きつけた力道山は、最後には弟のマイクをロープに突き飛ばし、はね返ってくるところをケサがけに手刀で打った……つまり〝空手チョップ〟だが、このときはまだ〝空手チョップ〟の呼称はなく、アナウンサーは「力道山、カラテ、力道カラテ、カラテ！　カラテ！」と連呼していた。マイク・シャープは、左の頸動脈をおさえながら、朽木が倒れるようにマットに沈んでいった。

その瞬間、力道山ブームは口火を切った。シャープ兄弟と木村のもみ合いは十二、三分つづいたが、力道山がリングに躍り込んでからは、わずか一分足らずの時間だった。大袈裟にいえば日本中の人々が、その光景のインパクトに陶然とし、力道山を神話の主人公として迎え入れようとする構えをつくった……それに要した時間は、信じられぬほどの短さだったのである。

中学一年生の私は、全身の血が逆流するような興奮を、電気屋の暗がりの中でじっと抑えながら、ブラウン管の青白い光をみつめていた。私が小学生であったなら、これほどの興奮をおぼえることもなく、無邪気にはしゃいでいるだけだっただろう。もし高校生であったなら、いま少し冷静に画面をながめていたはずだ。中学一年生……このいかにも熱血プロレス少年の世界にハマりやすい年齢で、一般的日本人の前に初めてお目見得したプロレスを、しかも電気屋の暗がりの中で見たことは、その後の私にも大きい影響を与えたにちがいなかった。後年、『私、プロレスの味方です』なんぞという本を書くにいたる端緒は、まさにあの暗がりの中の数十秒にあったというわけなのだ》

**猪木**

この時、俺は九歳で、鶴見の自宅の隣が電気技師の人で、プロレスとボクシングの試合がある時は招待してくれたんですよ。当時は街頭テレビで何千人とかで見る時代だったけど、隣の家にテレビがあったから、この試合はそこで見ることができた。力道山を見て、俺もいつかは、プロレスラーになりたいって思ったものです。子供の時分の素朴な気持ちでしたが。

**村松**　猪木さんや僕のような戦後の子供たちが、ここから力道山に夢中になっていくんですが、後になって検証すると、確かに新聞もヒーローのように書いていたけど、この二年前の一九五二年五月にボクシングの白井義男がダド・マリノを倒して日本人で初めて世界チャンピオンになった時のような、誰もが分かる価値観の中でヒーローになったわけじゃない。インテリの間では、まあ面白い存在が出てきたな、ぐらいに感じた程度で、まともに格闘家として評価するとか、力道山の強さを真正面から捉えるなんてことは考えられませんでした。

力道山はもの凄く有名になったけれど、世間と価値観を共有して尊敬されたヒーローとはちょっと違ったと思う。力道山×木村戦で、完全にマスコミは離れていくわけです。

## 力道山×木村戦の衝撃

村松が「完全にマスコミは離れていくわけです」と言う力道山と木村政彦戦は、一九五四年一二月二二日に蔵前国技館で行われた。昭和の巌流島の決闘と謳われた日本人対決は、木村がこの年の一一月一日付の朝日新聞の社会面で、「力道山のレスリングはゼスチュアの多いショー」と言って挑発し、「真剣勝負で戦いたい」と挑戦をぶち上げたことが発端だったとされている。木村は力道山のプロレスを「八百長」と挑発し、試合に至るまでマスコミは、プロレスは「八百長」か「真剣勝負」かという論議を過熱させた。

試合は、力道山が木村の急所蹴りを受けると、急に怒って相撲の突っ張りのような顔面への張り手一発で倒し、顔面に蹴りを入れてKOした。この凄惨《せいさん》な結末は世間の感情を逆《さか》撫《な》でして、力道山は八百長論を絡めた激しいバッシングを浴びることになった。

**村松**　この試合は、中学二年生の時におじと蔵前国技館で見ました。試合の刻一刻は、勝手に覚えていることだから事実と違うかもしれないけど、蔵前で目撃した者としては、リングに和風を感じさせる紫色のガウンで登場した時から、力道山はここから何かを始めようとしているムードを発していた。一方の木村は、今まで通りの仕事をこなすというレベルの姿で登場してきた。その落差を客席ですごく感じたんです。試合が終わった時は、思ってもみなかった凄惨な結末で、後味の悪さをすごく感じました。帰りの通路に向かう時に、おじが「力道山もひどいよな。あそこまでやることないのに」と言うぐらい、めちゃくちゃにやっつけてしまった。

今の試合は何だったんだろう？　という不気味なささやきが館内に充満していくような、あの重苦しい空気をよく覚えています。

**猪木**　力道山×木村戦は、入門する四カ月前で、まだブラジルにいた時期だから見てないんです。後からビデオで力道山が蹴りを入れている場面を見ました。どうしてあんな試合になったのかって、いろんな説があって、いろんなことが言われてますが、俺も正直、本当のところは何があったか分からない。力道山にしてみれば、やってみたら意外に弱かったということじゃないのかな。木村さんも柔道では強かったけど、打撃は無理だから。その点、相撲取りは突っ張りがあって打撃もすごいですからね。

その試合の四カ月後に入門して、その時は、木村戦で力道山がバッシングされているなんて全然知らなかった。しばらくして、俺は力道山の付き人を務めることになりました。どの世界でも、外から見る時と内から見る時で、見えるものが違うと思う。力道山も同じで、付き人になると、神様だと思っていた存在が人間に変わっていった。付き人は、俺のほかは、相撲時代から桂浜《かつらはま》の田中米太郎さんがちゃんこ番で、あとは平井光明（後のミツ・ヒライ）が務めていました。

力道山は事業が忙しくて、道場の練習にはほとんど来なかった。ある時、新聞記者の取材で力道山が寝技の練習をする時に俺が引っ張り出されたんです。当時、寝技の練習はよくやっていたから、頑張らないといけないと思って必死に動いたら、頑張り過ぎちゃったみたいで、合図だったのか分からないけど、力道山が「アーッ」と言って、直感でこれ以上はいけないなって思ったこともありました。そのころの俺は無垢《むく》というか、強くなることだけに必死で、試合も練習も一生懸命にやっていた。

だけど、力道山からは怒られるし殴られる。力道山は何も言わないから、こっちは何で怒られているのか分からない。毎日、そういう戸惑いがありました。ある巡業の朝、泊まっている旅館に力道山見たさに何十人もファンが来るんです。力道山が宿を出るときに、俺が靴を履かせるんだけど、おしゃれな人だったから編み靴を履いていて、俺の肩に摑まって履こうとしたらバランスを崩して履けなかったことがあった。その時に靴ベラで顔をバチーンって張られてね。殴られるのは構わないんだけど、ファンが見ている前で殴られたことが情けなくて、パラパラと涙が流れた。

それと、他の弟子たちは知らない、付き人だから見えた世界もある。力道山も、かわいい子がいるとちょっかい出したりしたし、その時の彼女を力道山の指示で俺が連れて歩いた時もありました。名前は言えないけど、皆さんが知っているようなきれいな人でね。その女性と飛行機を一緒に降りて、彼女の化粧箱を俺が持って旅館まで送り届けたこともあったんです。当時はそれが当たり前でやっていたから、おかしいとか何とか気にはしなかった。

ただ、控室で俺が殴られている現場を見ていた外国人レスラーから、「こんなひどいことをされているならアメリカへ行った方がいい」って勧められたことがありましてね。アメリカ人からすれば、信じられない場面を目の当たりにしているわけだから、その時は、「もうやめてアメリカに行こうかな」と思ったこともある。

**村松**　靴ベラの話は、僕もよく聞きましたね。ただそれは、猪木さんの話し方は、力道山への恨みを込めた文脈の中から出てきたというわけではないんですね。猪木さんにとっての力道山は、力道山のまわりに集まってくる人脈とか、力道山の持つオーラに感度が向いていたはずです。人気って人を動かす何か不思議なところがあるから、猪木さんの感性を考えると、「どうして力道山があれほど人気を得たのか？」ということが気になるタイプだったと思う。

# 力道山が刺された日

**猪木**　確かに殴られたこと自体を恨んだことはなくて、当たり前の世界という感覚だったですね。理由が分からなくてあまりにも理不尽に殴られて、力道山を殺そうと思ったなんて書かれたこともあったけど、それは、書く方は大きく書くのが常だからで、そんなことは思ったことはないんです。

村松さんの言うオーラという部分に通じるかもしれないけど、力道山から俺は、ヒーロー像を学んだんです。他の業界にもいっぱいヒーローはいますけど、当時の力道山はそんなものの比じゃなかった。リング上はもちろん、移動中とか人が見ている時にどういう態度を取ればいいのか。試合が終わってから、旅館に興行師の人たちを招いて、力道山が松茸《まつたけ》をコンロで焼いて出したことがあったんだけど、そういう時の豪快に振る舞う姿なんかもよく覚えています。力道山はどんな状況でもヒーローとして人に接していた。そんな振る舞い方を、付き人時代に力道山から一番学びましたね。

**村松**　力道山は、例えば、急に怒って激しく攻めた木村戦から、反撃の合図に怒る感情を入れてみせたり、ルー・テーズのバックドロップを防ぐために相撲の河津掛けを使うとか、自分に起きたことから学んで、何かをつかんでいく能力に長けていた。同じように僕から見ると猪木さんも、自分が存在するあらゆる場面から何かをつかんで体に蓄積することに長けているんです。猪木さんは、力道山の広がりのすごさ、ダーティーな部分すら含めたヒーロー像を学んでいたと思う。そのことが力道山と通じるオーラを猪木さんが身につける原点になったんじゃないかな。

なぜそう思うのかと言うと、中学生で力道山の試合を生で見た僕の中では、力道山と猪木さんのオーラって、近似した明るさを感じるんですね。子供のころにプロレスを見て、なぜ東富士でなく、木村でなく、力道山だったんだろうと考えると、僕が感じたのは華なんです。パッと明るく華が咲くようなあのオーラは、猪木さんの明るさにも通じている。二人には共通の華がある。力道山が持つ華を、間近にいた猪木さんは盗み、身につけていたんでしょう。

力道山は、一九六三年一二月八日の深夜、東京・赤坂のキャバレー「ニュー・ラテンクォーター」で暴力団員の男に刺された。

**猪木**　力道山が刺された日のことはよく覚えています。あの日は、浜松で巡業があった翌日で、赤坂にあったリキマンションの合宿所に俺一人しかいなくて、力道山から電話がかかってきた。「誰かいるか」と訊かれて、「私だけです」と答えると、「上がってこい」と言われて力道山の部屋に行きました。

部屋に入ると大相撲の高砂《たかさご》親方（元横綱前田山）がいた。当時は、ウイスキーのジョニ赤が最高だった時代に、その上のジョニ黒があってね、それを飲めって言われて、グラスに駆け付け三杯、あおってね。そしたら高砂親方が「力さん、こいつはいい顔しているね」って言うと、力道山が「うん、そうだろう」とうなずいた。この場面がないと俺の話は今につながらなくなってしまう。だって、「お前、認めてるからがんばれよ」なんて一回も言われたことがなくて、いつも「このバカ、アゴ！」ってぶん殴られるだけだったわけです。期待されているどころか、力道山がどんなふうに俺を見ているかも分からなかった。

あの一言があったから「ああ、力道山は俺のことを認めてくれてるんだ」と思えて、プロレスを続けて行けたし、この場面がなければ、政治家になってから師匠への恩返しのために北朝鮮に行くこともない。今まで俺が生きて来られたのは、あの時の一言があったからと言ってもいいんです。あの言葉がなかったらその後の俺はいなかったとハッキリ言える。

だけど、不思議なんですよね。今でもどうしてあの時、力道山はあんなことを言ってくれたんだろうと思うことがある。いつもなら合宿所には他の選手もいるんだけど、あの時はどういうわけか俺一人しかいなかった。もしかすると、それを知っていて力道山は俺を呼んだのかもしれない。その夜に力道山が刺されて、入院中も話はしたけど、あんな言葉をかけてくれたのは、あの日が最後になってしまった。だから、俺だけに何か伝えたいことがあったんじゃないかなと想像したりね。

事件が起きた頃、俺は青山のボウリング場で、当時、仲が良かった相撲の若三杉《わかみすぎ》と、「やなぎ」というゲイバーの女というか男というか、そこの店員とボウリングをやっていたんです。それでボウリング場からタクシーで帰る途中の乃木坂あたりだったと思うけど、道が一部閉鎖になっていて、おかしいなって思いながら合宿所へ帰ると、力道山が刺された、と。合宿所は大騒ぎで、先輩レスラーが日本刀を抜いて仇討《かたきう》ちに行くとか言って殺気だっていた。

力道山は幸い一命を取り留めて、翌日から山王病院に入院した。付き人だから毎日、病室に通って看病しました。治療する時に足が動くので、看護師さんじゃ無理だから俺が押さえたりしていた。順調に回復していたんだけど、一週間経った時、一緒に付いていた平井が、どういうわけか「意外とこういう人って死ぬときは早いんだよな」とつぶやいた。

それで、力道山は本当にその晩に亡くなってしまった。

## 内臓が散らばった遺体

一九六三年一二月一五日午後九時五〇分、力道山は三九歳の若さで急逝した。

**猪木**　亡くなった翌日だったと思うんだけど、解剖のため遺体に付き添って慶應病院へ行ったんです。俺は解剖してる部屋の外にいたんだけど、当時の病院は古い作りで壁の上の方に窓があって、背伸びしたら中の様子が見えた。そこには、肉とか内臓が散らばってている力道山の遺体があった。この場面を見たのは俺だけなんだけど、力道山の肉が散らばっているという目の前の状況が、どういうことなのかさっぱり分からなかったんです。悲しいとかどうとか、この先がどうなるかなんてことはまったく考えられなくて、ただ見守っているしかなかった。

呆然としながら、力道山の自宅へ遺体を運ぶと、今度は家の中でいろんな人が金の話とか、財産の話をしている。俺はその時、二十歳だったけど、奥手だったのかそういうことに興味がなかったんです。だけど、いま力道山の内臓が散らばった遺体を目の当たりにしたばかりなのに、こっちでは金の話をしている。俺は人間というものの縮図を見た気がしました。

**村松**　それは凄い話ですね……。猪木さん自身が中心軸にいて、片一方では力道山の内臓が取り出されている。もう片一方では金の話がされている。そこで歯ぎしりをするような感情があったと思うけど、だけど現実に戻って、そういうことがあり得るんだと見定めて、その境地から始まる発想が猪木さんの中に芽生えたんじゃないでしょうか。親の死に目に会うというのは深刻な場面だけど、でも猪木さんの経験は、親の死に目ではありえないものだと思う。

　その時は嫌悪したり義憤にかられたりしただろう感覚が、やがて猪木さんの中で「人間というものは」というふうに、人間の捉え方が変わっていったはずだと思います。

　あれだけの力道山にしても死ぬとこういう形になっちゃうという虚しさと、一方で現実に生きている人間の生々しい生命力みたいなものを咀嚼《そしゃく》しているうちに、猪木さんのことだから、体内に別のセンスが埋め込まれたんでしょうね。力道山が解剖された光景と、自宅での財産をめぐる場面は、縦で捉えるとすごい落差になる。だけど、横にすると今度は猪木さんの人間の幅になったのではないでしょうか。たぶんこの日の体験と、その前の高砂親方がいるシーンでの力道山の一言は、猪木さんの中で重要な、新たな原点になったはずです。

力道山は、生前、そして没後も、本名・百田光浩、一九二四年一一月一四日長崎県大村市生まれの日本人とされてきた。しかし、死後、一九八四年になって、『週刊プレイボーイ』などが、出身は北朝鮮咸鏡南道洪原郡新豊里で、本名は金信洛《キム・シルラク》だったと報じた。日本人ではなく北朝鮮出身だったという事実が明らかになったのである。

**猪木**　付き人時代、力道山が北朝鮮出身だと感じたことはなかったし、出自についてはまったく知らなかったんです。これは、今にして思えばという話だけど、大阪での試合の時に、在日の人がホテルにキムチと焼き肉を大きな皿に盛って差し入れてきてくれてね。当時はサランラップなんかないから、そのまんまの山盛りで持ってきて、それを力道山が嬉しそうに受け取っていたことがあった。その中ににんにくの味噌漬けがあって、これがとてつもなくいい味なんで、力道山が食べ残した分をちょっとつまんだりしたことを思い出しますね。その差し入れに、力道山がなんでそんなに喜んでいるのか、考えたこともなかったし、持ってきてくれた人が在日だということも、当時は知りませんでした。
今は亡くなったプロ野球選手で森徹さんっていう人がいて、長嶋茂雄さんと同じ年の一九五八年に中日に入団して長嶋さんと新人王を争った人だったんだけど、その森さんのお母さんが半島で商売をやっていて、力道山がそのスポンサーになったということもあった。でも全部、今思えばという話で、当時は何も感じなかったですね。

俺が力道山の出自を知ったのは、最初に参議院議員に当選した後、確か在日の人が書いた力道山の評伝を、本になる前のゲラで読んで、それが初めてです。あと、秘書だった吉村義雄さんが書いた本も読んで、知らなかったことを知りました。こうした本には、新潟巡業の時に、力道山が港に停泊している北朝鮮の万景峰号まで行って、娘さんに会っていた話などが書かれていた。そういう話を知ると、また今となってハッと思うことがあるんです。

あの当時、力道山は新潟の旅館の娘さんと婚約するという話があったんです。巡業の移動日、新潟では力道山はよくゴルフへ行って、朝からいない日がありました。そういう本を読んだ時、ああ、あの時もしかしたらゴルフではなくて万景峰号で娘さんに会っていたのかなあと思ったことはある。

**村松**　力道山は自分でも国籍の問題を意識していたと思います。相撲を辞める時点で、すでにその問題が絡んでいたんでしょう。確かに力道山は国民的英雄ともてはやされたけれど、それはモハメド・アリがアメリカの英雄だと思っていたら、実はアメリカの黒人の英雄であって白人からは敵視されていたという構造にも似ていて、力道山も実は、無邪気な少年と戦後独特の屈折を抱えた男たちの気持ちをつかんでいたという、ある意味で限られた中でのヒーローだった。力道山自身も世間の人に守り立てられても、実は世間というのはプロレスをそれほど評価していない人たちによって動かされているということが見えていたと思う。

猪木さんは感じていなかったと言うけれど、そういう力道山を間近にして、無意識の中で、世間からの偏見や差別を猪木さんは感じ取っていたと思わざるを得ない。

稀代のヒーロー・力道山に見出されてブラジル移民から帰国し、日本プロレスに入門した猪木にとって、力道山が亡くなるまで、わずか三年あまりの時間しかなかった。一七歳から二〇歳までの濃密で強烈な時期に、猪木は自分の個性を対照的に見出すような、ライバルと言うべき存在と出会っていた。それが馬場正平、ジャイアント馬場だった。

# 第4章
# ジャイアント馬場という王道

## 合わせ鏡によって自分が見える

ジャイアント馬場とアントニオ猪木は、同じ一九六〇年四月一一日に日本プロレスに入門した。

**村松**　入門発表の記者会見で初めて対面したと思うんだけど、元巨人軍の投手で身長二メートル九センチという存在感は、猪木さんにとってやっかいな先輩だったと思いますよ。たとえば二人でアメリカに遠征したとしたら、空港に迎えに来たプロモーターがどちらか一方を使うとなれば、まずはこっちの破格な体格の馬場さんをと思うだろうし、そのセールスポイントは力道山も見ていた。当時、平均的なプロレスファンは、猪木が馬場を乗り越えて行くというのは非常に難しいと思っていたんですね。それは、猪木さん自身も思っていたはずで、だからこそ猪木流を編み出すことができた。

**猪木**　人はみな、対立構造というか合わせ鏡によって、自分では見えない自分が見えることがあると思います。そういう意味でジャイアント馬場という存在は、俺にとっての合わせ鏡だった。俺はプロレスはリングの上も外も常に闘いだと思っていましたけど、あの人は、俺と違って仕事と割り切ってプロレスをやっていたと思います。だから、昔から常に馬場さんと比較されてきたことは、プロレス哲学がまったく違うからすごく嫌だった。

だけど時が過ぎると、俺の個性は、馬場さんと比較されることでハッキリしたんだと思う。ありがたいことに、比較されたことが、俺が俺を発見する合わせ鏡のようになっていたんですね。それまで自分では見えなかった猪木の個性を見つけることができた。

**村松** 馬場さんの存在があったから、猪木さんはレスラーとして未熟な時期に、中途半端な可能性を頭に入れなくて済んだのでしょう。問答無用のセールスポイントを持った人を素直に認めることによって、自分はその人が持っていないセールスポイントを持とうと考え、別の所へ行くことができた。だから、馬場さんがいたから見えてきた、気づいたっていうことはいっぱいあったでしょうね。

一方で馬場さんは、強さとか実力とかという目線では、あまり語られてこなかった。きちんとした馬場論という意味で、猪木さんが馬場さんを強いと思っていたのか、そうではないと思っていたのか、そのあたりも聞いてみたいですね。

**猪木** 馬場さんと道場でスパーリングをしたことは、ほとんどなかったですね。たまにやった時の印象的な記憶は、足を取りに行った時にバァーンって飛ばされたこと。あれだけの体格があって、練習では俺らと一緒に千回とか二千回とかのヒンズースクワットで鍛えていたから、足の力は強かった。パワーが技を超えるっていうところはありましたね。ただあの人は、練習は俺らほどはやらなかったし、スクワットの数もごまかしていたけど（笑）。

**村松**　馬場さんの存在だけでなく、猪木さんは道場でも、相手にないものは何かを考えていたんですね。つまり、体格という自分にないものを相手が持っているわけですから、相手にないものは何かと言ったら、危険な強さということになる。そこから猪木さんは、道場で危険な武器を磨くことになったのでしょう。

同日入門の二人は、デビュー戦も同じ九月三〇日、東京・台東体育館のリングだった。馬場は桂浜（田中米太郎）、猪木は大木金太郎と対戦した。結果は馬場が五分一五秒、股裂きでギブアップ勝ち。猪木は大木に七分一六秒、逆腕固めで負けを喫した。前座時代、猪木は馬場と一六回対戦し、馬場の一六戦全勝で猪木は一度も勝てなかった。

**猪木**　デビュー戦は馬場さんと同じ日とか意識していなくて、俺の中ではやはり、初めての試合だから、とにかく勝ちたいという気持ちが強かった。馬場さんの相手は、誰がどう見てもその時の道場で一番弱い田中米太郎さんで、俺はその時、一番強かった大木さんを当てられたわけです。試合を組まれた時、なんでだろうという一つのクエスチョンが頭に浮かんだ。その時にふと、プロレスというもののある本質が頭の中を横切ったことを覚えてます。言ってみれば、デビュー戦で馬場に負けさせるわけにはいかないという興行の世界。力道山からすれば、次のスターを作らないといけなかった。今では、俺もそういう経験をしてきたから、力道山の考えも分かる。

ただその時は、プロレスの中にいながら、プロレスへの違和感みたいなものを感じて、今に見てろとハッキリではないけれど思い始めた気がする。当時はそんなことを表にして反発することはしませんでしたけどね。

馬場さんは五歳上でしたから、入門は同期だけど先輩として接してました。デビューからしばらく経った頃、今も覚えている馬場さんの言葉があって、一緒にいた時に突然、「オイ、プロレスっていいよな」って言われたんです。俺から言わせれば、道場で毎日、辛い思いをして練習する生活の何がいいのかと思ったけど、馬場さんにしてみれば、今まで体が大きいのに、小さく歩いていたわけでしょう。それが、プロレスに来て初めて、もっと大きく見せろって言われて、それで初めて大きいことが評価されたと思う。そこがあの人にとって、プロレスっていいよなということの意味だったんだろうなと思います。

## 主流の馬場と、異端の猪木

**村松**　馬場さんと猪木さんは、入門もデビューも同じだったけど、力道山は明らかに自分の次の時代を馬場さんに託そうとしていたと思う。馬場さんがデビューからわずか一〇カ月でアメリカ遠征へ出されたことはその象徴で、猪木さんは、その時、力道山の付き人だったわけですからね。力道山のプロレスは闘う心が凄かったし、どう見せるかというセンスも抜群だったけど、武骨で原始的なものだった。力道山が興行師として、次のプロレスを考えて、どう世の中を沸かせるかという時、今までは小さい日本人が大きい外国人をやっつけてきたのに対して、大きい日本人が外国人を倒すという発想を持つということはあったと思います。

テレビで力道山が、馬場さんとキラー・コワルスキーの試合を解説した時、「あの大きい手で首をつかまれて顔をリングに叩きつけられたら痛いだろうね」と言っていたのを覚えているんです。馬場さんをプロレスにスカウトした時も、強いとか弱いとかじゃなくて、あんなデッカイ日本人には、日本中がビックリするだろうと考えたと思うんです。今までの日本人が想像できないことを馬場はできる、と。試合がどうのこうのという以前に、こういう存在そのものが問答無用に人に伝わるという意味で、力道山にとって馬場さんの価値はすごくあった。

一方、若手のころの猪木さんは、僕の感じでいうとバタ臭いタイプだった。あのテクニックとか試合運びとかプロレスへの発想とか、後々不世出のプロレスラーとして覚醒していく資質は力道山にないものだったんだけど、当時で言えば、あのバタ臭さが日本人の象徴としては売り出しにくい印象を力道山は持っていたのではないでしょうか。

力道山が亡くなって、馬場さんと猪木さんの立場はさらにハッキリと分かれます。馬場さんはアメリカから凱旋してエースの象徴となるインターヘビー級王座を奪取して日本プロレスのエースに駆け上がった。猪木さんは、一九六六年に日本プロレスを離脱してその年の一〇月に東京プロレスの旗揚げに参加したんだけど、わずか三カ月で挫折《ざせつ》して日本プロレスに復帰した。このプロレスラーとしての道のりの違いが、二人の立場を決定的にしたと思う。

**猪木**　周囲は、馬場さんと俺がライバル、ライバルと囃《はや》し立てたけど、当時は馬場さんと仲が良かったし、そんな意識はありませんでした。ライバル関係というのは、周りが作り上げたものだった。当時の日本プロレスの内部で芳《よし》の里《さと》さんとか遠藤幸吉さんとか幹部の思惑があって、そこに主流派じゃないユセフ・トルコなんかもからんでね。複雑な人間関係がもつれて、俺たちがライバルとして作られていったと思います。
もっと言えば、そこにテレビ局の思惑も加わった。一九六九年七月からは、日本テレビだけじゃなくて、NET（現テレビ朝日）も中継するようになってね。二つ同時に放送するのはどうかと思ったけど、二カ所から金が入って来るからいいやって、幹部の判断でやることになった。だけど、NETでは馬場さんの試合は放送できない契約で、そんなことからテレビ局のメンツにも関わってくる。最初は厳しいと思われていたNETだったけど、視聴率もどんどん良くなっていきました。そういう周囲の状況が、ライバル関係を強くした部分はありましたね。

一九七一年一二月、猪木は会社乗っ取りを企てたとして日本プロレスを追放された。そして新日本プロレスを設立し、翌七二年三月六日、大田区体育館で旗揚げ戦を行った。一方の馬場も七二年七月に日本プロレスを退団し、全日本プロレスを設立、一〇月二二日に日大講堂で旗揚げ戦を行った。同じ団体でライバルだった猪木と馬場は、この時からそれぞれ別の団体を率いる選手、社長、プロモーターとして、激しい興行戦争を繰り広げるようになる。

**猪木**　俺の馬場さんへの挑戦表明とか挑発は、年を重ねた今となって分かることがある。それは、結局こういう世界だから、言い方に語弊があるかもしれないけど、「踏み台にする」という部分があったんです。

**村松**　僕が『私、プロレスの味方です』を書く前は、猪木さんが圧倒的に異端で、馬場さんは主流だった。馬場さんとの立場を逆転する起死回生の一打となるはずだったアリ戦も不発に終わったということになっていたしね――。だから当時、対立なんていっても、馬場さんからすると相手じゃないというところもあったと思います。猪木さんが馬場さんに挑戦を繰り返しても、馬場さんは動じなかった。

一九八六年にUWFが新日本に参戦していた時、前田日明《まえだあきら》が「猪木、俺の挑戦を受けろ」と言うと、猪木さんが「俺をもっと怒らせてみろ」と返していたのと似た構造ではあった。ただ、猪木さんと前田が違うところがある。猪木さんが挑戦を受けないことを、前田ファンは「猪木は前田から逃げた」と言って、そこを宝物にした。だけど猪木さんは、馬場さんが挑戦を受けないことを拠り所にはせず、もっと面白いところへ、プロレスを超えて世間に挑みかかるような地点に行こうとした。だから、そのうちに自然に馬場さんとの力関係は変わっていって、アリ戦を頂点とする異種格闘技戦へとたどり着いたんだと思います。

## 「お前はいいよなあ」

村松は『私、プロレスの味方です』で、常に既成のプロレスからはみ出して世間を挑発する猪木のプロレスを「過激なプロレス」と名づけて評価し、馬場のプロレスを従来のプロレスの枠組みのなかの「プロレス内プロレス」と位置づけた。二人の対照的な存在を際立たせたのである。

**村松**　僕は猪木さんに肩入れして、馬場さんにはそうでなかった。いくら力道山が「大きい日本人って面白いだろ」と言っても、馬場さんは元野球選手で、野球と格闘技って結びつきにくいと思っていたし、体形的にもあまり惹かれない部分があったかもしれません。馬場さんがボボ・ブラジルとかディック・ザ・ブルーザーとやった試合を見た時、力道山の言葉とは裏腹に、どこかひ弱さを感じたりもしていたんです。

それと、猪木さんの日プロ乗っ取り騒動の時、僕なんかに実情は分からないけど、馬場さんのコメントは「我関せず」みたいな感じで、違和感がありました。猪木さんがアリと対戦する前も、馬場さんは「ともかくプロレスラーは強いんです」と言って、その言葉には、負けたら猪木が弱いせいだし、勝ったらプロレスは強いんだから当たり前だと、どちらに転んでも傷が付かない立場に自分を置く。これはある意味ですごい智恵のある人だとは思います。

馬場さんに軸を置いて物事を考えると、僕なんかが言葉で補う部分、新しい言葉を唆される部分があまりないなって思ったんです。面白いのは、僕が猪木さんを擁護する感じで『私、プロレスの味方です』を書くと、初めて〝馬場派〟という言葉が反射的に生まれた。本当は猪木さんがアンチテーゼで、異端で、裏の札なのに、猪木論に対するアンチテーゼとして王道の馬場さんが出てきた。この構造は予期していない現象で、面白かったですね。

馬場さんを僕は「プロレス内プロレス」の象徴として位置づけたけど、馬場さんという人はプロレスを世間に語る如才なさに長けた人だったと思うんです。プロレスは、アスリート的な存在とは違う怪物が棲《す》む世界で、素人《しろうと》の目では測れないよっていうオーラをいつも放っていた。それを、プロレスに対する世間からの攻撃への隠れみのにしていた。テレビなんかに出た時、世間に向けてプロレスラーが発する言葉の選び方がすごくうまくて、「へとへとになるまで練習したっていうのが一般の厳しい練習なんですが、プロレスの練習というのは、へとへとになってから始まるんですね」とか話したりして、これは、たとえば黒柳徹子さんなんかにも伝わる言葉でした。

その点、猪木さんの言葉はもっと個人的だった。伝わる人にも伝わらなさそうな人にも、全部を含めた不特定多数に向けて発する言葉ではない。

**猪木**　確かに、俺は計算して何かを言うタイプじゃないから、その通りかもしれません。今、馬場さんで思い出すのは、一九九九年一月三一日に亡くなる少し前に、会った時のことなんです。ホテルオークラのバー「ハイランダー」を出たところで偶然、会ってね。その時、馬場さんが「お前はいいよなあ」と言った。若い時に「プロレスっていいよな」って言った時と同じで、俺の何がいいのか分からないけど、想像すると、あの人は受け身でしか生きられなかったけど、俺は反対の攻めの世界にいた。そういうところで、俺とはまた違う人生の苦労が馬場さんにはあったんだろうなと思います。俺は一般的な人生の苦労をしてないからね（笑）。

**村松**　「いいよなあ」って、猪木流の鈍感力じゃなくて、馬場流の繊細さを感じますね。猪木さんは、力道山に靴ベラで殴られたことや、体格を誇る馬場さんの先輩としての存在、世間から浴びせられる罵倒、どんなにひどいことがあってもすべて面白がって、「人間って面白いね」となれる不思議な屈伸力がある。ところが馬場さんは、巨人軍でやれなかったことはやれなかったこととしての見立てだっただろうし、力道山に拾われた時はこれで食っていかなければいけないと普通の人と同じように生活を考えてきて、なおかつそこに幕を張っていたところがあったと思います。自分とはまったく違う生き方の猪木さんに、「いいよなあ」と言って幕を張ったことは、猪木さんの度胸とは違う繊細な感受性を象徴しているような気がします。それが猪木さんへの最後の言葉になったということも、二人の複雑な関係を問いかけているようで意味深ですよね。

そんな極めて常識的な馬場さんに、猪木さんは喧嘩を売ってきたんだから、普通はアングラの側になるんですよ。だけど、アングラの方がメジャーになったという状態が、猪木さんの人を惑わすところでもある。

**猪木**　あの出会いの後、それほど経たないうちに馬場さんは亡くなるんだけど、体が大分悪いって聞いていたから、喪失感はなかったですね。

**村松**　馬場さんは、ある時代にアメリカで稼げる唯一のプロレスラーだった。そこは否定できない。そして、馬場さんがいなかったら、猪木さんは過激なプロレスへの道を選ぶことはなかったかもしれないし、そうすると異種格闘技戦も、アリ戦もどうなっていたか分からない。猪木さんとの関係性では、馬場さんは実に大きな存在であったと思います。

ジャイアント馬場を合わせ鏡にして、猪木は自分のプロレスを創造していく。

# 第5章
# 過激な名勝負ものがたり

## ジョニー・バレンタイン戦――「プロレス内プロレス」からの脱皮

猪木は、「不可能を可能にした」アリ戦に至るまでに、数々の名勝負を残している。プロレスでありながら、その枠を超える部分を含む、猪木流の「過激な名勝負」に焦点を当ててみたい。

**猪木**　それまで経験したことのないような危ない試合というのは、アメリカ武者修行時代にもありました。力道山が亡くなった翌年の一九六四年三月にアメリカ武者修行へ出たんだけど、最初の頃は、会場に入るまで誰と闘うのか、カードが分からないんです。そういう時に、オックス・ベーカーっていう訳の分からない、力だけスゲぇヤツがいてね。組んだ瞬間に、バァーンって倒されて、「この野郎、ぶっ殺してやろうか」ってこっちも受けて立ったことがありました。そういう力自慢みたいなレスラーは、当時のアメリカにはたくさんいて、いつ潰されるかみたいな試合があったんです。

**村松**　猪木さんは、一九六六年四月まで、二年あまりアメリカで修行するんだけど、この期間に猪木流のストロングスタイルの原型が作られたと想像しているんです。ストロングスタイルって、実はアメリカンスタイルの中の何かであって、その象徴がルー・テーズだったりもして、必ずしも猪木さんが独自に編み出したものではないと思います。アメリカン・プロレスをさらに猪木流にアレンジしたストロングスタイルができて、さらにその先に異種格闘技戦に代表される、猪木さんだけの過激なプロレスがある。修行時代にアメリカン・プロレスを吸収した経験は、この後を考えると非常に重要なんですね。そういう貴重な経験を積み、修行を終えた猪木さんが、帰国して最初の試合が半分神話のような試合だったわけです。

東京プロレス旗揚げ戦　一九六六年一〇月一二日、蔵前国技館　時間無制限一本勝負
アントニオ猪木（三一分五六秒、リングアウト）ジョニー・バレンタイン

東京プロレスは、豊登が設立した新団体だった。力道山亡き後、日本プロレスの社長に就任した豊登だったが、多額の会社の経費を趣味のギャンブルに流用していることが発覚し一九六五年末に日本プロレスを追われ、新団体の設立に向かった。猪木は当時、アメリカで海外武者修行中で翌六六年二月に日本プロレスからの要請で帰国するはずだったが、ハワイで豊登が猪木を待ち受け、会談の結果、猪木は新団体への参加を決意し、四月に豊

登と共に帰国した。猪木はこの時二三歳。東京プロレスの旗揚げ戦でジョニー・バレンタインと闘った。猪木のチョップとバレンタインの後頭部へのエルボーが交錯する激しい展開となった。場外戦で額を鉄柱に激突させられた猪木は、大流血に見舞われたが、コブラツイスト、パンチ、アントニオ・ドライバーで形勢を逆転し最後は場外戦でアントニオ・ドライバーを決め、リングアウトで勝利した。

バレンタインは、一九四七年にデビューし、ルー・テーズのNWA世界ヘビー級王座、ブルーノ・サンマルチノのWWWF世界ヘビー級王座にも挑戦した戦歴を持つ。日本には、東京プロレスの旗揚げ戦が初来日で、以後、日本プロレス、新日本プロレスに参戦したが、一九七四年、搭乗していたセスナ機の事故で大けがを負い現役を引退した。一九九〇年九月三〇日に横浜アリーナで行われた猪木のデビュー三十周年記念大会に来日し、松葉杖を突きながらリングで猪木と握手を交わし、ファンを感動させた。二〇〇一年四月二四日に七一歳で亡くなった。

**猪木**　この試合は映像が残っていないんだけど、恐らく蔵前が始まって以来、プロレスの試合で初めて座布団が舞った試合だったと思います。それぐらい観客が興奮する激しい闘いで、試合後にオレの爪が半分、浮いていたほど、ずっと殴り合っていた記憶がある。東京プロレスの旗揚げ戦のために、外国人選手をセントルイスまで探しに行って、その時にジョニー・バレンタインを見つけたんだけど、その時は「これかよ？」という印象でしかなくてね。ところが闘ってみると全然、違って、びっくりしました。彼は、俺と闘ったことで見事に化けたと思います。この試合で今までファンやマスコミが持っていたアントニオ猪木のイメージも変わったんじゃないかな。若手のころは、技のキレとか動きが評価されていたけど、この試合で今までになかったような闘魂というか、感情をむき出しにする激しさが認められたと思うんです。

どうして東京プロレスに行ったかは、理由はいろいろあったと思うけど、結局、ハワイまで来た豊登さんの頼みを断り切れなかったっていうのが本当のところでね。あの人って、顔が死んだ兄貴に似ていてね。兄貴はバクチはやらなかったけど（笑）。人間って相性があって、俺にとって豊登さんは、何か憎めない人だった。ハワイに来た時は、当時、福田赳夫さんが大蔵大臣で、「福田さんがバックにいるから大丈夫だ」って説得されました。それで、なんだか「いいですよ」って答えちゃった。団体は三カ月で潰れて、結局は、載っけられただけでした。でも人生を振り返ると、力道山同様、豊登さんみたいなとんでもない人と出会えたのも、良かったかなって思いますよ。

**村松**　アメリカ修行時代の猪木さんのことは、もっぱら東京スポーツでテネシーとかを転戦している記事を見て、「これからは、こういうヤツじゃないとダメなんだ」と、日本のリングへの登場を期待していました。これは僕の中の感覚なんだけど、たとえるなら、フランク永井じゃなくて水原弘、という感じなんです。自分たちの世界やセンスと共感するタイプだと見ていて、日本に帰ってくるのを待っていました。

ところが待っていた凱旋帰国は東京プロレスだった。東京プロレス時代は、日本プロレスの中でひとつの役割に甘んじて脱皮できなかったアントニオ猪木が、そこから別のアントニオ猪木になるまでの踊り場的な時期だったと思います。豊登が東京プロレスへ猪木さんを誘った言葉は、完全に博打《ばくち》打ちの言葉ですよね。猪木さんの言い方を聞くと、逆に豊登という人の魅力にサーチライトがあたるんですよね。猪木さんは「とんでもない人」って言ったけど、豊登の博打打ち的な賭けまがいの言動は、案外猪木さんと似ているところがあって、豊登は猪木さん好みの男だったんじゃないですかね。

旗揚げ戦のバレンタイン戦は、当時、テレビ中継がなかったし、映像が残っていないから、神話状態ですよね。試合の結果を東京スポーツで読むぐらいで、情報がまったくなかった。猪木さんがあの試合を「猪木のイメージが変わった」だろうと言うのは、バレンタイン戦で、「プロレス内プロレス」から脱皮するきっかけをつかんだということなんじゃないかと思います。

## ドリー・ファンク・ジュニア戦——猪木にとってのベストバウト

日本プロレス　一九六九年一二月二日、大阪府立体育会館　NWA世界ヘビー級選手権六〇分三本勝負

王者ドリー・ファンク・ジュニア（時間切れ引き分け）挑戦者アントニオ猪木

ドリー・ファンク・ジュニアは、この年の二月にジン・キニスキーを破り、当時のプロレス界で世界最高峰とされたNWA世界ヘビー級王者となった。当時、猪木は二六歳で、この試合がNWA王座への初挑戦となった。この試合の勝者に翌日一二月三日の東京体育館でジャイアント馬場が挑戦することになっていた。

試合は、寝技の展開からドリーがダブルアームスープレックスなどの大技を繰り出せば猪木もコブラツイストで逆襲に転じる一進一退の攻防が続いた。場外戦を経て、最後はドリーのボディスラムをかいくぐった猪木がコブラツイストを決めた場面で六〇分フルタイム時間切れのゴングが鳴った。

ドリーは、一九六三年一月にデビューし、わずか四カ月でNWA王者のルー・テーズに

挑戦した。一九六九年二月にNWAチャンピオンに就くと、一九七三年五月二四日ハーリー・レイスに敗れるまで四年三カ月の長期にわたり、王座を守った。日本では弟のテリー・ファンクとの「ザ・ファンクス」としてのタッグ・チームも人気を集め、日本プロレスから全日本プロレスに参戦し多くのファンに愛された。

**猪木**　三八年間のプロレス人生でベストバウトは何かと訊かれれば、アリ戦を除くと、自分としてはこの試合になる。俺とドリーの勝った方に、翌日東京で馬場さんが挑戦することになっていました。このころ俺は、馬場さんの試合は、闘いなのかショーなのかって思っていてね。結果として俺は引き分けて、ドリーが馬場さんと闘った。同じ相手が猪木と、そして馬場と二日連続で闘ったことで、違いを見せられたとも思いました。当時、俺は二六歳でドリーが二七歳、お互いに元気でね。ドリーはチャンピオンだから上から目線だったけれど、俺は互角以上に六〇分フルに闘ったから、改めて自信がついた試合でもありました。

コンディションは最悪でした。試合の二日ぐらい前に指が折れてしまって、痛み止めの麻酔を打って、自分で指を固定してリングに上がった。そんな最悪の状況の中でも自分の役割を全うできた。どんなに体調が悪くても闘うことができるというプロとしての手応えもあの試合でつかみました。

**村松**　この試合は猪木さんにとって、勝つとか負けるとかの目的を課された試合ではなくて、プロレスラーとしてのレベルをドリーにも観客にもジャイアント馬場にも見せつけるという意味で、もの凄く重要だった。猪木さん的には、そこをこなしておかないと次へ行けない。こなさなきゃいけないテーマだったんだと思います。僕はテレビで見ました。それまでNWA世界王者というと、ルー・テーズがシンボルだったから、ドリーって飛び抜けて若いチャンピオンだというイメージがあった。彼はニューヨーク的なクールなカウボーイ、まさに「真夜中のカウボーイ」だった。

試合はそんなドリー流に、猪木さんがつき合い得たという印象でした。あの時のドリーと六〇分、うならせて沸かせたというのは、凄いですよ。初めて挑戦したNWA世界王者に、自分のプロレスが通用するという以上の手応えをつかんだんだろうな。

あの時、猪木さんと馬場さんが闘うかもしれないという状況が生まれたんだけど、馬場さんとは互いが全盛期にやっても、あんまり手が合わなかっただろうなと思う。猪木さんが今、この試合をベストバウトというのは、ある意味で平均的なファンの見方と重なるから、それは不思議だね。僕なんかは、ドリー戦よりバレンタイン戦に光を当てた方が面白いだろうと思うんだけど。今の猪木さんがバレンタイン戦をラフバウトの起点にして、ドリー戦を名試合と位置づけた。猪木さんは、その時によって強く思い起こす試合が違ったりするだろうし、猪木さんの中で刻々と違う色彩を帯びてくるから、別の場所、別の時には違うことを言うかもしれない。その分からないところがアントニオ猪木というプロレスラーの幅にもなっている。

猪木さんは、馬場さんは闘いかショーかって言ったけど、じゃあドリー戦のころの猪木さんの中で、プロレスはショーなのか闘いなのか判然としていたんだろうか。それを、ドリーに訊いてみたいな。馬場さんも亡くなった今、ドリーが徹底的にアントニオ猪木を語ったら、面白いでしょうね。あの時、二日続けて猪木と馬場と闘ったドリーが、その試合の質において、猪木にどんな手応えを得たか、それを聞いてみたい。

## カール・ゴッチ戦——新たなゴッチ神話

新日本プロレス旗揚げ戦　一九七二年三月六日、大田区体育館　時間無制限一本勝負
カール・ゴッチ（一五分四〇秒、体固め）アントニオ猪木

試合は、寝技の攻防からゴッチが得意のジャーマンスープレックスを繰り出した場面か

ら激しく動いた。猪木はドロップキックで反撃に出て卍固めでたたみ込んだが、そのままゴッチがリバーススープレックスで投げ、仰向けになった状態で猪木から三カウントを奪った。

ゴッチは一九五六年にヨーロッパでデビュー。以後、アメリカに転戦し、日本には一九六一年四月に「カール・クラウザー」のリングネームで初来日した。一九六八年から日本に住んで日本プロレスの若手選手のコーチ役も務め、猪木はその際に熱心に教えをこうた。多彩な技と厳格な人格から「プロレスの神様」と謳われもした。その後、国際プロレスに参戦、新日本プロレスの旗揚げ時には、外国人選手を招聘《しょうへい》するブッカーも務めた。新日本ではアメリカ・タンパの自宅で、藤波辰爾、藤原喜明ら海外武者修行中の若手選手の育成に尽力した。二〇〇七年七月二八日、八二歳で死去。

**猪木**　旗揚げ戦の負けは、世間のプロレスというものに対する概念、勝敗は決まっているんだっていうイメージと闘った結果でした。旗揚げ戦ではストロングスタイルを見せようと思っていた。だけどあの頃は、NWAの力が凄かったから、日本プロレスとの関係でNWAが「新日本のリングに上がったら、アメリカのリングに上がらせない」と選手たちに圧力をかけていたから、ストロングスタイルで闘えると思っていた選手は誰も呼べなかった。

ゴッチさんはあの時四七歳で、選手としては正直、ピークを過ぎていたんだけど、妨害に遭って選手が呼べない中、ストロングスタイルで闘える選手はゴッチさんしかいなかったんです。ゴッチさんは、俺が日本プロレスで若手の頃、練習で教えてくれて、スクワットでもジャンプしながらやるとか、トランプをめくった数字をこなすとか、それまでやっていた練習とは違う新しい方法を教えてくれたコーチであり先生だったんだけど、選手としてはあのスタイルだから、アメリカでは芽が出なかった。プロレスにはいろんなパターンの試合があって、ヒロ・マツダさんは「猪木ならたとえ相手が箒《ほうき》でも試合ができる」って言ってたけど、言われればそうかなって思うところもあって、俺は相手がどんなタイプであろうと、その良さを引き出すことができるスタイルなんです。相手の力が「3」なら相手が意識しなくても「5」まで力を出させた。これは計算しなくてもできた。

年齢的にもファイティングスタイル的にも難しいところが多いゴッチさんと、観客の気持ちをかき立てるような試合ができたと思います。当時の東京スポーツの井上博社長がこの試合を見て、「これは、報じなきゃいけない」と感動してくれた。日プロからの追放で東スポとは反目中だったんだけど、そこからまた仲良くなったという話もある。

旗揚げの時のゴッチさんで思い出すのは、試合以外のこともある。契約金を持っていった時、渡した札をゴッチさんが一枚一枚、数える姿が忘れられない。それは、プロレスの技とか力じゃなくて、人間の大きさという世界。俺は「人がやらないこと、できないことをやる」というのがいつも頭にあって、ゴッチさんもあの媚《こ》びないスタイルを貫いた。それはひとつの哲学でね。でも、そんな媚びない人が札を数える姿を見た時、凄い選手には違いないけど、「ゴッチさんも大変だったんだな、苦労したんだな」と感じました。ゴッチさんの本当の姿を見たような気がした。

**村松**　旗揚げ戦の相手がゴッチに決まった時は、ファンとしてはすごく納得した。カード自体も、負けたことも、そういう試合をやることが大事なんだって思いました。猪木×ゴッチで客を呼ぼうとする企みが光っていた。それは一回で終わるわけないと思ったし、ジャイアント馬場的な世界のアンチテーゼとして、こんなにあざやかな試合はないわけです。負けたのは、舌出し失神でKO負けしたIWGP決勝のハルク・ホーガン戦とも似ていて、猪木さん自身はこの言葉は使わないけど、「予定調和」というか、人がこうだろうと思っていることを外そうとする発想がすごいと思います。それを旗揚げ戦だからこそやるという度胸。それまでファンの間でそれなりに浸透していた実力者ゴッチに再び光が当たって、ゴッチは「プロレスの神様」というイメージにまで高まった。しかも、猪木さんはそれを前提にして、「実は俺もその域なんだ」というふうに持っていった。当時、猪木さんはゴッチに食指を動かすプロモーターはいなかったわけです。しかし猪木さんは、ゴッチに負けることで、ゴッチの神話を新たに生み出したんじゃないかな。

渡した札を一枚一枚数えるゴッチを見たという話は、わびしさも感じたし、同情するところもあるのかもしれないけれど、そこに人間味を見るような部分もあったんじゃないでしょうか。ゴッチのその姿を見た時、片一方で憧れていたゴッチ像が崩れるんだけど、人間の振幅というか、人間の持っている幅として記憶していく装置が猪木さんにはあるように思います。力道山に対してもそうで、憧れていたけど原寸大を見てガックリしたというよりも、それを見て何かを習い覚えた気分になるところがあったのではないか。ゴッチのその姿を見た時はショックを受けたかもしれないけれど、後で語っているということは、人間の振幅として捉えているんじゃないかな。ショックを咀嚼してゴッチという人間の奥行きを見ることになった気がします。

猪木さんって意外なものを見ることが楽しいと感じるタイプだと思う。だけど、あらゆる場面でマジメだからこそ、いま振幅と考えたことが、別の場面では違う捉え方になるかもしれない。昨日と今日でも違うことがある。そこが、猪木さんの分からないところでもあるんだけど。それにしても、ゴッチが金を数えている場面で、中身が全部紙切れだったら、それこそ超猪木的世界ですね（笑）。

## アンドレ・ザ・ジャイアント戦——過激なもてなし

新日本プロレス　一九七四年三月一五日、岡山武道館
アンドレ・ザ・ジャイアント（二〇分一九秒、体固め）アントニオ猪木

アンドレ・ザ・ジャイアントは、一九六四年にパリでプロレスデビューした。一九七〇年二月に国際プロレスに初来日し、一九七三年にアメリカのWWWF（現WWE）と契約。身長二メートル二三センチ、体重二三五キロの体格と、巨体を感じさせない動きで一気に全米でメジャー人気を獲得する。新日本プロレスには一九七四年三月に初参戦し、岡山でのこの試合が猪木との初対決。猪木がキーロックで腕を固めると、そのまま猪木を肩まで持ち上げるなど、規格外のパワーを発揮し、最後はセコンドに付いたマネージャーが猪木の足を引っ張ったところをジャイアントプレスでフォールを奪った。以後、日本でも絶大な人気を獲得し、日米を股にかけたトップレスラーとして活躍した。猪木とは幾多の名勝負を展開したが、一九八六年六月一七日に、猪木が初めてアンドレからギブアップ勝ちを奪った試合が最後となった。

その後、アンドレは全日本プロレスにも参戦したが、一九九三年一月二九日、パリで死去した。四六歳の若さだった。

**猪木**　何しろ身長が二メートル二三センチで体重は二百キロ以上ですから、初めて対戦した時は、あの大きさにびっくりしました。対戦した最初のころは、あれだけ大きいから、わずかだけど自分の体を自分でコントロールできなくなる瞬間があった。それがだんだん、自分の動きをコントロールできるようになってきた。あの体が岩みたいに固くてね。思い切り蹴ったら俺の方が剝離骨折したことがありました。当時のアンドレは、アメリカでは、一対二のハンディキャップマッチとかショー的なプロレスをやっていたと思うんですが、新日本に来てからは、俺とだけ闘うプロレスをやっていたと思います。

というのも、あいつを本気で蹴ったヤツって俺しかいないからね。それは俺にとって危険なことでもあったけど、新日本を旗揚げして、「いつ何時、誰の挑戦でも受ける」「プロレスこそ格闘技の集大成」という看板を掲げていましたから、日本人、外国人を問わず、格闘家のプライドというか、勝負しようという覚悟があって、俺は常に相手のそこの感情を燃やそうとしていたんです。アンドレを本気で蹴って、やつの燃えるものをかき立てた。そんなことを仕掛けるのは俺しかいないから、アンドレは俺以外とは闘うプロレスはやらなかったと思います。
逆に言えば、俺もあんなお化け……お化けと言うと怒られるけど、あんな常識外れのヤツと闘ったことで異種格闘技戦的な経験を積むことができたと思う。だから、その後のアリ戦も含めた試合を考えるとラッキーだったたですね。

**村松**　猪木さんがリングで相手をかき立てることを、僕は「もてなし」という言葉を使って書いたことがあるんですけど、猪木さんはアンドレを、アメリカとは別のやり方で「もてなし」たわけですね。それは、あれだけの巨体で、怒りの瞬間に振り回した腕が当たっただけでも大変なことになるし、リスクも負荷も大きい。もてなし切れないかもしれない。だけど、その危険を承知で踏み込んだ「過激なもてなし」が、後の異種格闘技戦に生きてきたと思う。

アンドレのことは、「モンスター・ロシモフ」のリングネームで国際プロレスに来た時からテレビ画面で見ていました。その時は、体はもっと細くて今で言えば痩せていたころの高山善廣《たかやまよしひろ》みたいな印象で、「このデカイやつがプロレスをつかんできたら大変だな」と思っていました。アンドレになって新日本に来てからは、強いんだけど一種の「なぶりもの」みたいになった面もあった。リングに上がるプライドは置いて、役者として試合をやっていたように映ることもありました。古舘伊知郎の実況ばかりが頭に残っているぐらいだから、登場するまでの時間が長くて、実際、リングに上がっている時間は短かった。あるいは印象が薄かった。アンドレの怪物性を除けば、プロレスとしては意外と地味だったかもしれません。試合相手や観客に、巨大さのメッセージを送る意味でロープの上をまたいでリングインするとか、いろんなパフォーマンスをやりはしたけれど、お互いの技を組み立てた試合でいうと、アンドレは意外と地味なんです。だけど、猪木さんとの試合だけはシリアスだった。それは猪木さんの「過激なもてなし」に、アンドレが応じていたということなのでしょう。

## ストロング小林戦――常識を打ち破る日本人対決

新日本プロレス　一九七四年三月一九日、蔵前国技館　ＮＷＦ世界ヘビー級選手権九〇分一本勝負
王者アントニオ猪木（二九分三〇秒、原爆固め）挑戦者ストロング小林

この年の二月に当時、国際プロレスのエースだったストロング小林がフリー宣言をし、アントニオ猪木とジャイアント馬場への挑戦を宣言した。猪木がこれを受け、対戦が実現

した。三月一日の調印式を経た一戦は、国際プロレス側が小林を契約違反で提訴する準備を進めていたが、試合を主催する東京スポーツが仲介し、違約金一千万円を支払い、同社所属のレスラーとして蔵前国技館のリングに上がった。試合当日は、主催者発表で一万六五〇〇人の超満員の観衆を集める異様な盛り上がりを見せた。ゴングが鳴り、猪木が張り手で小林を盛んに挑発し、グラウンドでも圧倒する展開となった。小林はエルボーとベアハッグで攻めたが、猪木が強烈な右ストレートであわやKO寸前まで追い込んだ。場外戦で鉄柱にぶつけられて額を割られた猪木だったが、最後は小林のカナディアン・バックブリーカーから脱出し、原爆固めで勝利した。そのジャーマンは、小林の上半身より猪木の頭がマットに先について猪木の両足が浮き上がったことから、猪木の首の強靭さが高く評価された。

小林は、本名・小林省三、一九六六年一一月に国際プロレスに入門し、和製マスクマン第一号「覆面太郎」として一九六七年七月にデビューした。その後、素顔となってストロング小林のリングネームでIWA世界ヘビー級王座を奪取し、国際プロレスのエースに君臨した。猪木とは、初対戦から九カ月後の一二月一二日に再戦したが敗れ、一九七五年五月に新日本に入団した。新日本では坂口征二とのタッグでNWA北米タッグを獲得するなど活躍し、一九八四年八月二六日に引退した。引退後はタレントとして活動し、現在七七歳になっている。

**猪木**　試合前は、力道山×木村戦以来の大物日本人対決と騒がれたけど、俺はそこまで思っていなかった。国際プロレスのエースだったストロングとの試合が実現したのは、あの頃、旗揚げから二年経って、テレビもつくようになり、新日本のフロントに優秀な兵隊さんがいっぱいいいたからです。俺が先頭に立って走るという時代じゃなくなっていた。彼らに任せて、俺は最後の所だけ出て行けば良かったんです。だから、当時の新日本の社員は、面白かったと思いますよ。彼らが話を持ってくれば俺は「面白えな」って言って、絶対に「NO」って言わなかったからね。踊らせれば、本当に踊ってみせるし、面白くてたまらなかったんじゃないかな。

　この試合は、当時の蔵前国技館で最高の観客数を動員したんです。俺の中では、旗揚げして間もない頃、窓ガラスが割れてる、一五〇〇人入れば満員っていう会場で、三百人しか入らない時のことを思い出していました。割れてる窓から風が入って寒いから、お客さんは拍手もしなくてね。その時に、「このお客さんを逃したらもう次はない。次に来たらこれを倍の六百人にしてやる、そして千人にしてやる」って思ってやってきた。一試合、一試合のそんな闘いが、ここにつながったのかなと思っていました。

試合は、目と目の勝負だった。相撲の立ち合いのように、その時に目を伏せるのか、伏せないのか、それとも合わせてくるのかっていう感じでね。究極的には、俺の手の中にストロングを乗っけられるか、どうか。遠慮しないで来いよっていう勝負だった。そんな思いで、調印式の時にヤツに一発入れたんだけど、横向いた時にあいつに殴られて、歯が一本、抜けたんです。今、そこはインプラントを入れてますよ(笑)。

ストロングがどこかで、「あの試合が人生で最高だった」って言ったのを聞いたことがあります。それは先日亡くなったマサ斎藤もしかりで、俺と闘った相手は「あの試合が最高の思い出だよ。闘ってよかった」って言ってくれる。それは俺が「プロレスは、そんなもんじゃねぇだろ。もっとすげえもんだろ」っていうこだわりをぶつけていたから、俺との試合が「最高だった」っていう言葉を聞くと、その思いが通じたのかなと思います。

フィニッシュのジャーマンは、ファンやマスコミからは評価されたけど、写真で見る限り、カッコ良くないね。ブリッジがもうひとつで、「反り」が足りなかったから、謝りたい。「ソーリー」ってね(笑)。

**村松** 当時、日本人同士で他団体のチャンピオンだった選手と同じリングで闘うことは、あり得なかった。小林戦は、ないものだとされていた常識に対して、それを打ち破る意味があったと思います。その常識の壁を、猪木さんは凄くきれいに破った。力道山×木村戦から続く日本人同士の血なまぐさい試合という常識を、いとも簡単に超えていった。

試合の実現は兵隊さんがやってくれたっていうのは、これはまったく想像だけど、「小林が身の振り方に困っている」というくらいの噂話があって、そういうところから話が持ち上がり、「だけどあり得ない話なんだけど」って言われた時に、猪木さんは「だったら、やればいいじゃない」という乗り方をして、で、後は全部任せたという感じだったのではないかと思います。

試合自体は、猪木ファンとしてはどこか安心していました。国際プロレスの選手が猪木に歯が立つはずがないという前提で見ていた。ただ当時は、日本人同士で人間と人間がやる試合だから、どこかに破れ目があるかもしれないという感覚はありました。日本人同士だから、日本人と外国人が闘う時のように悪役と善玉の役割を決めたような試合はしないだろうと思っていたんですが、一般的な評価では猪木のほうが強者だから、背水の陣を敷いた小林のほうがベビーフェイスになるわけで、そうなるとどんな試合になるんだろうという不安もあった。

あの試合で猪木さんは、小林を張って挑発していた。これは、自分が怒る場面を作っていた力道山流の反対で、相手を怒らせて、魅力を引き出して、仕留めるという企みだったのではないか。力道山×木村戦とはまったく違う、日本人同士の結末でいえば明るい結末になった。それは猪木さんが見事に小林をもてなしたということだったと思います。

## 大木金太郎戦――涙の抱擁の記憶

新日本プロレス　一九七四年一〇月一〇日、蔵前国技館　NWF世界ヘビー級選手権　時間無制限一本勝負
王者アントニオ猪木（一三分一三秒、体固め）挑戦者大木金太郎

大木金太郎は、猪木のデビュー戦の相手だった。日本プロレスを退団した猪木が新日本を、馬場が全日本をそれぞれ一九七二年に設立したが、大木は日本プロレスに残った。一九七三年四月に日本プロレスが崩壊すると、大木は全日本に入団するも待遇に不満を覚え、退団して猪木との対戦が実現した。試合は、大木が必殺の頭突きのラッシュで猪木を追い込む展開になった。猪木は流血したが、最後は大木が頭突きに来るところに右ストレートを浴びせ、バックドロップで沈めた。

韓国出身の大木は、本名・金一《キム・イル》。密入国で日本に渡航してきて逮捕されたが、力道山が身元引受人となり、一九五九年一一月にデビューした。力道山の死後は韓国で「大韓プロ

レス」を設立し、韓国のプロレス発展に大きく寄与した。猪木との対戦後は、全日本に再び参戦し、国際プロレスでも活躍した。一九八二年を最後に負傷からリングを離れ、事実上の引退となった。一九九五年四月二日に東京ドームでベースボールマガジン社が主催したプロレス大会「夢の懸け橋」で引退セレモニーが行われた。二〇〇六年一〇月二六日、ソウル市内の病院で七七歳の生涯を閉じた。

**猪木**　試合が終わった時、リング上でお互いに涙を流して抱き合ったんですよね。何で泣いたのか？　もう、こんな不器用な人とはやりたくないって思ったんじゃない？（笑）それは冗談としても、そこはいまとなっては分からないね。

大木さんは日プロの先輩でデビュー戦の相手だったけど、試合の時は過去は気にしていない。でも、お互いが辿ってきたその時の流れの中で闘ったことは確かです。大木さんとは、入門した直後、初めて会った時に二人で映画を見に行ったんです。暗がりで手を握られて「私、韓国人。あなたブラジル人。お互いに日本で頑張りましょう」って言われました。大木さんは、俺が入門した頃、道場で一番強かった。根性も凄かった。だけど体が固くてね。後ろの受け身が苦手で、よく足首に柔道の帯を巻かれて、受け身の練習をやっていましたよ。韓国から日本に来て、力道山に拾われてプロレスラーになったあの人の歴史を振り返ると、生きるっていう部分でどこかに陰りがある。
試合では、そんな人生を背負った大木さんの、筋を切られても倒れないというプライドを感じた。だけど、俺はまだまだ登って行く時だったから、それが結果となったんでしょう。試合の最後に大木さんは、涙を流して俺に頭突きしてきた。その涙を見た時には、俺のことを認めてくれていると思いましたね。

**村松**　大木は、力道山という存在の余韻を背負った人の一人だった。ある時期は、力道山を継ぐとも言われたし、力道山像のモデルになったとも言われていた。そういう力道山直系の二人が、力道山の残影みたいなものを試合にして見せたのは見事だと感じました。猪木さんにとって、力道山の匂いを背負った者同士が闘うということは、ストロング小林戦とは違った危なさがあってもおかしくなかったはずです。しかも、相手の得意技が頭突きという危険技だから、見ている側は、一発入ったら、という怖さもありました。だけど持っている武器が違いすぎた。猪木さんは、大木が持っている武器を錆《さ》び付かせずに、最大限見せたうえで、あざやかに仕留めた。
あの時の大木は、なにか独特の人間的な哀愁を帯びていましたね。試合後の二人の涙は、当人にしか分からない、同じ空気を背負った者同士の感傷があったと思う。もしかすると力道山への郷愁だったかもしれない。一番最初に力道山にコテンパンにやられたのが大木だった。その後、猪木さんも同じ境遇になった。その二人がいま、蔵前国技館のメインイベントで闘ったことの感動なのかなとも思う。ただ、猪木さんが振り返るように、なんで泣いたかって、いまさら語ることもないと思います。何か言うよりも、あの涙の抱擁を記憶すればいい。

映画館で大木に手を握られたという話も印象深いけれど、本当は手を握り返して、「ボク、ブラジル人」ってなっていたかも。猪木さんなら、それもありですよね（笑）。

## タイガー・ジェット・シン戦——果てしないサスペンス

新日本プロレス　一九七四年六月二六日、大阪府立体育会館　NWF世界ヘビー級選手権六〇分三本勝負
王者アントニオ猪木（2－1＝一本目は両者リングアウト、二本目はレフェリーストップ）挑戦者タイガー・ジェット・シン

タイガー・ジェット・シンは日本では無名のレスラーだったが、一九七三年に初来日し、五月四日の川崎市体育館に乱入し試合中の山本小鉄を襲い、そこから新日本に参戦し、猪

木との果てない抗争を展開した。猪木がシンの腕を折ったことで知られるこの試合は、二人の遺恨対決が燃えさかっている時期に行われ、六日前の六月二〇日の蔵前国技館での一騎打ちでは、シンがリング上で猪木に炎を浴びせ、さらに因縁が深まっていた。

一本目は、シンの凶器攻撃で猪木は大流血の末、両者リングアウト。二本目は猪木もシンの額を攻撃し流血に追い込むと、右腕を徹底的に攻め、アームブリーカーを決め鉄柱に右腕を叩きつけ、シンの右腕を折り、レフェリーストップで試合が終了した。

タイガー・ジェット・シンは一九六五年にプロレスデビューし、カナダ・トロントで人気を得る。初来日後は猪木との抗争で絶大なヒール人気を獲得し、新日本の躍進に大きく貢献した。その後、新日本を離れ、一九八一年七月からは全日本に参戦し、一九八六年には元横綱・輪島のデビュー戦の相手を務めるなど、存在感を発揮していた。全日本を離れてからはFMWなど様々な団体でリングに上がった。現在、七四歳。

**猪木**　シンとの試合は、天秤《てんびん》のような闘いだった。こっちが相当の重りを載せると向こうがそれ以上の重りを載せてくる。そうなると俺は「お！　そこまでやるか？　じゃあ、ここまで行くかい？」とさらに重い重りを載せて、そこで、また向こうが、というね。猪木なのかシンなのか、どちらかが、ドンッと落ちる限界まで載っけていく、そんな闘いでした。

　当時は、シンを筆頭に、アンドレもそうなんですが、外国人選手たちは俺のイズムを分かってくれていました。ケガしても、それはそれで勝負だからしょうがないという意識があった。そうでなければ、途中で帰っちゃう。逆にこっちも、出稼ぎ根性でギャラだけもらって帰ればいいっていうやつは、たたき帰していましたけどね。

　シンとの出会いは、最初、吉田さんという東南アジア関係のブッキングをしてくれていた人が、小さなナイフを口にくわえたブロマイドの写真を持ってきてくれてね。それを見て俺が、「こんなんじゃダメじゃん」って言って、サーベルを渡した。俺は選手には違いないんだけど、自分自身を自分でプロデュースしてきて、こうすればこの選手は光るとか、そういう本能的なプロモーター的発想を持っていたと思います。タイガーマスクもそう。みんなタイガーマスクを作ったのは、新間寿だって言う。たしかにそれも本当なんだけど、最初はジョージ高野の方がカッコいいし、劇画みたいに足も長いし、いいんじゃないっていう意見が多かったんだけど、それを最終的に俺が佐山聡というアイデアを出したんです。これも、感性的な思いつきだった。

　あと、アマレス全日本チャンピオンだった谷津《やつ》嘉章《よしあき》なんて、デビュー戦でスタン・ハンセンとアブドーラ・ザ・ブッチャーにたたき落とされた。普通なら売り出していかないといけないのに、どん底に落として、そこからはい上がれ、みたいなね。そういう自分の感性って何なのか、自分でも分からないんですけどね。シンがそこに最も応えてくれた選手であることは確かですね。

**村松**　猪木×シンって、サスペンスですよね。当時、テレビのプロレス中継を大井町に住んで銭湯をやっていた先輩の家の茶の間でよく見せてもらっていました。猪木×シン戦は、そんな立会川あたりにある銭湯の茶の間で見るに一番ふさわしい試合でした。ある意味では、本当にガス灯時代の薄暗いムードが漂っていた。なのに、関節技とか、テクニックの応酬でも見応えがあった。シンの存在感、リング上のたたずまいも、役者としてしたたかなものでね。凶暴に見せながら、たしかな技も持っているように見えてね。僕は引きずり込まれるように、シンに興味を引かれていきました。

試合は、ここまで来たらこうするという技の攻防じゃなくて、ジョニー・バレンタイン戦から点線でつながっているような、どこかでケガをする可能性がある闘いで、プロレスファンとしての唯一の安心感は、シンがサーベルを持っていても、突き刺すわけじゃなくて、サーベルの柄でしか殴らなかったことかな（笑）。

一連の猪木×シンの抗争で鮮明に覚えている場面は、ロープ際のコブラクローで猪木の喉から血が出たシーンです。「二人とも、ここまでやるのか」と圧倒されました。腕折りは一瞬だから、今もクローズアップされてくるのはそのコブラクローのシーンなんです。二人とも千両役者だった。シンって、その時その時で、必殺技を付け加えていった気がします。わざとクリーンにやったりね。そのクリーンさがまた、不気味だったりもしました。

猪木さんも、眠っていた何かを明らかにシンに引き出されていた。それは、前にシンについて訊いた時、「相手をやっつけることによって自分はその上に行かないといけない。引き出しにしまっておいたものを出さないといけないっていう、そうやって引き出されたものの数が多いんですよ」と言っていた。その時、「シンはそれほどうまい選手じゃない。でも、基本を持った上にヤバイ凶暴性を持っているから、一番やりにくい」と表現していました。プロレスという枠組みを破ってしまうかもしれないスリルが、シンにはあった。それはブッチャーの陽性からは来ない。陰湿なんだけど華があるというのはシンだけの資質ですね。

シンは、アメリカでは二流レスラーだったけれど、それは当たり前で、アメリカには猪木がいなかったわけです(笑)。シンには、猪木以外では待遇できない価値観があったと思います。しかも、シンが求めている価値観を猪木は与えたんですよね。シンとの抗争は、アリ戦の直前までやっていた。だから、ファンとしては、猪木がアリ戦に備えて、何らかの理由で戦線離脱して、アリ戦に専念するトレーニングに入ればいいのにって思っていた。

だけど、そんなことお構いなしに攻めてくるのがシンでした。そういうイメージをファンに植え付けたシンは凄いレスラーだった。

ＮＷＦのタイトルマッチの時には国歌吹奏するんだけど、「君が代」があれほど不似合いな試合はない。だって、その直後にシンの急所蹴りだもんね（笑）。

タイガー・ジェット・シンとの抗争では、リング外の番外編があった。それは、一九七三年一一月五日に起こった「新宿伊勢丹襲撃事件」だ。猪木が当時の妻で女優の倍賞美津子と新宿の伊勢丹百貨店へ買い物に出掛けた夕刻、シンが伊勢丹前の路上で猪木を襲撃し、大乱闘となった。一一〇番通報があったことから警察が出動し、一般紙まで報じる騒動となり、結果、猪木とシンの抗争が世間に届くことになった。

村松は『アリと猪木のものがたり』で倍賞美津子がそこに居合わせたことで一般紙の記事になりえたと推論し、「プロレスラーたるイノキの仕事に女優の倍賞美津子が一役買ったことになるのだ」と「新宿伊勢丹事件」にまったく新しい視点を提起した。

**村松**　伊勢丹事件は、半分は世間に読まれていたと思います。猪木さんから見れば「読まれてもいいや」という覚悟があったと思う。ただ、そこに倍賞美津子さんがいたことで、意味のキャパシティが広がった。その広がりは新日本の周辺にいた人には、当時、読み切れなかったんじゃないかな。『私、プロレスの味方です』を書いてから、猪木さんとも近しくなって、美津子さんに会う機会もできた。女優としてももちろん凄いんだけど、感受性の幅や奥行きが半端でない人なんです。当時のアントニオ猪木の妻として、この上ないパートナーだったと思います。だから猪木さんにも多大な影響を与えていたと思うし、美津子さんがいたからアリ戦の後も猪木さんは抜け殻《がら》にならなかった。美津子さんという女性は、そういうことを慰めるというか、補う達人のような人だから。

**猪木** 彼女は、芸能界という、我々の世界からは分からない光を見せてくれた。彼女は当時、ほんとに俺がそうだったのか分からないけど、「こんなに目が輝いている人は見たことがない」って言ってくれた。

**村松** 僕には猪木さんは、豊登さんと一緒にいた時、彼女に声をかけたと言っていました。目が輝いていると言われたとか、普通の人なら言うのがはばかられるようなことを、猪木さん、割と平気で言うんですよね（笑）。

ウィルエム・ルスカ戦——猪木の永久革命

新日本プロレス　一九七六年二月六日、日本武道館　格闘技世界一決定戦　時間無制限一本勝負
アントニオ猪木（二〇分三五秒、ＴＫＯ）ウィルエム・ルスカ

一九七二年ミュンヘン五輪で柔道の重量級、無差別級二階級で金メダルを獲得したオランダのウィルエム・ルスカとの試合は、猪木にとって初の異種格闘技戦となった。ルスカは、柔道着を着て猪木と闘い、腕ひしぎ逆十字固め、裸絞めで猪木を追い込んだ。猪木が打撃技で逆転するとルスカは柔道着を脱ぎ捨て突進したが、最後は猪木がバックドロップ三連発でルスカを沈め、初の異種格闘技戦を制した。

ルスカは、二十歳で柔道家となり、一九六七年アメリカ・ソルトレイクシティでの世界柔道選手権で九三キロ超級で優勝、ミュンヘン五輪で二階級制覇と、重量級で圧倒的な強さを誇った。猪木とは初対決から一〇カ月後の一九七六年一二月九日に再戦して敗れ、以後、プロレスラーへ転向して新日本に参戦した。時を経た一九九四年九月二三日の横浜アリーナで猪木と対戦したがこの時も勝つことはできなかった。二〇一五年二月一四日、七四歳で亡くなった。

**村松**　ルスカ戦は、僕が一番興奮した試合かもしれない。僕にとって、この試合こそが「過激なプロレス」だった。当時の猪木さんの感覚から言えば、ミュンヘン五輪で柔道二階級を制覇したルスカ以上に怖い相手はいなかったと思う。あの時の僕は、そういう相手とやろうという感覚がまず凄いと思った。『私、プロレスの味方です』では、プロレスの時は「アントニオ猪木」、格闘技世界一決定戦では「猪木寛至」と名乗ってもらいたいと書いたんですね。「アントニオ猪木」は、あくまで人に見せる試合をやる存在で、異種格闘技戦の時は、世間の人が凄いと思っている人と闘うこともできるプロレスラーなんだと、違いをクッキリさせる意味で、「猪木寛至」にすべきだと本気で思っていた。

虚と実ということで言えば、猪木さんのなかでは、それらが対立したり分離してはいなくて、溶け合っているようなところがある。だから、「アントニオ猪木」という虚と、「猪木寛至」の実をクッキリさせて欲しかったんだけど、本人に言ったら聞き流されました(笑)。

ルスカ戦をやって、五輪の金メダリストを破っちゃうと、今度は永久革命的に、永遠に闘い続けないといけなくなる。結論がないんですよ。作家で言えば、たとえばノーベル賞をもらったとすると、そこで終わるのが普通なんだけど、猪木路線で行くと、ノーベル賞をもらったからってそこで止まっていたら意味がなくなる。猪木さんは、アリという、オリンピック金メダルを遥かに超える存在に向かっていくわけです。

　おそらく、ルスカ戦をテレビか何かで見たことが、猪木の挑戦を受けるアリのステップの引き金になったと僕は思っています。もちろん、アリがどう見たかは謎ですよ。だけど、それまでのアリは、アメリカがプロレスの本場だと思っていて、一流どころのプロレスラーはいくらでも知っているわけでしょう。若いころからプロレスは好きだったわけだけれど、それはあくまでもショーとして好きなわけですよ。ルスカ戦の時は、猪木戦への交渉の最中だったから、自分が知っているアメリカンスタイルのレスラーと同じ感覚で猪木さんを見たと思います。ルスカ戦までは、アリと猪木さんが共有する価値観は、まったくなかった。アリはオリンピックの金メダルを捨てたけど、それを二階級で取ったルスカという存在が、アリの価値観の中ではリアリティある存在だったと思うんです。

　そのリアリティあるルスカとああいう試合をしてみせたアントニオ猪木という存在を、アリがお馴染みのプロレスと同じ構えで見たとしても、それはすごいプロレスだったわけで、自分が見ているプロレスとはまるで違うと感じたのはたしかだろう。アリの立場から見た時、ルスカ戦は猪木を見る時の一つの重要なフィルターになって、そこで猪木への視線が大きく変わったはずです。そこから共有し得る価値観が生まれ、試合へのワンステップになった……このことは、当時はまったく見えなかったけど、『アリと猪木のものがたり』を書いて、アリのことを徹底的に洗い直したいま、僕は自分で勝手にそう確信しているんです。

**猪木**　ルスカ戦がアリ戦へのステップになったというのは、確かに試合の時期はアリ戦のすぐ前なんだけど、そこは分からないですね。

この時期、割とプロレスが低迷していて、アメリカン・プロレスも転換期だった。ゴッチ的な部分を持った選手はプロモーターから好かれないし、「こいつと闘ってみたい」っていう選手があまりいなくなっていた。そういう中で、もうひとつ上へ行くために異種格闘技戦というものに踏み込んで行ったんです。プロレスファンというのは、他のスポーツのファンと求めるものが違っていて、ファンが異種格闘技戦的ものを猪木スタイルに求めるようになっていたこともあると思う。力道山から豊登、吉村道明、そこからジャイアント馬場と来る従来のプロレスとは違う、そうでないプロレスをファンが求めていて、その先にルスカ戦が実現したところがある。俺はルスカが本来、持っている実力をそのままナチュラルにぶつけてくれればいいと思っていて、柔道家ともプロレスができるっていうのは、「猪木は箒とでもレスリングができる」っていう、その部分かもしれない。ルスカ戦をそんなに好んでくれているんだったら、村松さん、『箒』っていう本を書いてくれたらいいかもね（笑）。

猪木の「過激な名勝負」とは、一歩踏み外せば、奈落に突き落とされる危険に満ちた試合だった。危ない橋を一つ渡ると、そこに安住することなく、さらに度を超えて危険な橋に向かって歩んだのがアントニオ猪木のプロレス人生だった。その橋を渡り続けた果てにたどり着いた頂点に、モハメド・アリが待っていた。次章では、アリと猪木の邂逅《かいこう》へと、歩を進めたい。

# 第6章
# 奇跡の邂逅か、
# 宿命的な出会いか

## アリは黒人の白人的価値観を暴いた

一九七六年三月二五日、ニューヨークのプラザホテルでアントニオ猪木×モハメド・アリの調印式が行われた。ボクシング統一世界ヘビー級王者の冗談のような挑発を、極東のプロレスラーが本気で受け止めてから一一カ月を経たこの日、誰もが交わるはずがないと思っていた猪木とアリが初めて対面した。猪木は、日本伝統の紋付き袴姿で登場した。一方のアリは、ラフなジャケット姿で現れると、初めて顔を合わせた猪木と組み合うパフォーマンスで世界各国の記者を笑わせ、「オレがリングに上がったらお前は機能停止だ」と挑発した。猪木の顔を見据え、「お前をペリカンと名付ける」と揶揄《やゆ》し、「オレを倒したらお前は今世紀最大のすべての格闘技の王者だ」と上から目線でからかった。

**猪木**　初めて会った時は、彼は自分を高揚させることで恐怖を克服していく人間だと思いましたね。あのパフォーマンスは、単なるジェスチャーじゃなくて、自分自身を高揚させる手段でしょう。人の心理状態って、威嚇《いかく》されて同じようにいきりたって立ち向かうこともあると思いますが、あの時は、アリが威嚇すればするほど、逆にこっちは冷静になって、見えてくるものがありました。

**村松**　初めて猪木さんと対峙した時のアリの振る舞いは、おごりに満ちた、いやなアリが引き出されていましたね。アリは、黒人運動によって白人社会からの差別と闘いながら、黒人の中にある黒人差別をも暴いた。しかし同時に、自分は黒人の中のエスタブリッシュメントだという強い意識もある。あの調印式で猪木さんと初めて会った時、一介の極東から来たプロレスラーを、ボクシングの世界チャンピオンである自分が上から目線で見下すという、アリの中にあるおごりを僕は感じました。

マルコムXと出会って、スポーツ選手や政治家をはるかに超える宣教師的なアジテーションの力を身につけ、普通の黒人ボクサーに対しては「お前は何と闘っているんだ」と知的に追い込んでいった。クレバーな上から目線であしらうことを快感とするようなところが、アリの中にあったと思います。猪木さんとの試合は、そんな気持ちをそそられる部分と、たとえば宮本武蔵が吹き矢の老婆に挑戦された時のような嫌悪感もあって、そこからアリの中に、未知の存在であったアントニオ猪木への不気味さをともなう感情が表れていったのではないか。それがあの初めての対峙で出ていた。

村松は、『アリと猪木のものがたり』でアリの黒人差別との闘いに、新たな見方を提示した。その象徴が一九七四年一〇月三〇日、ザイールの首都キンシャサで行われたジョージ・フォアマン戦だ。アリは、一九六七年にベトナム戦争の兵役拒否からチャンピオン・ベルトとボクサーライセンスを剝奪され、二五歳から二八歳にかけての絶頂期に三年五カ月のブランクを強いられた。一九七〇年九月にボクシング界に復帰したが、一九七一年三月八日に世界チャンピオンのジョー・フレージャーに判定で敗れ、再び世界王座へ挑んだ試合が、当時四〇戦無敗三七KOと無敵を誇るフォアマンへの挑戦だった。

試合は、アリが圧倒的不利の下馬評を覆す八ラウンドKOでフォアマンを倒し、その劇的な勝利が今も「キンシャサの奇跡」として語り継がれている。

**村松**　『アリと猪木のものがたり』を書くにあたり、アリについて、彫刻で言えば割と深く彫り込んで行ったので、アリが単純にアメリカのヒーローじゃないということが改めて見えたんです。アメリカの資料や伝記なんかが示す筋道と、『叛《はん》アメリカ史』（豊浦志朗）のような独自の参考文献にそってアリを考えた中で、ひとつの啓示がありました。つまり、何度か話したように、アリが提起した黒人問題の一番鋭いところは、黒人の中に刷り込まれた白人的価値観を暴くところだった。そこから「キンシャサの奇跡」を掘り下げ、洗い直していくうちに、明らかになってくるものがあった。

アリはフォアマンに対して、醜い黒人とか、そういう対立軸を作ったのではなくて、あの試合で闘う意味は、「黒人の中に刷り込まれた白人の価値観にお前はおもねっている。オレはすべての黒人のためにお前と闘うんだ」という対立軸だった。つまりアリは、フォアマンの中にある、黒人なのに白人的価値観におもねる隠れた部分を暴こうとした。アリは、試合中に「Who are you?」と問いかけながらパンチを放ったりしていて、その言葉は相手を翻弄《ほんろう》するためのもので、アリが催眠術をかけているんだという説が当時はあったりもしました。ところが、あのセリフは、そんな簡単なことじゃない。白人と同じ価値観に安住している黒人のフォアマンに「お前は何者なんだ」という、深い問いかけがあったわけですね。

力道山時代から、世間の中にプロレスをいかがわしいものとして蔑視《べっし》する感覚があることを暴くためには、「ではお前にとって、何がいかがわしくないんだ?」と問い返す必要があると、僕はずっと言ってきたんだけど、それは、アリがフォアマン戦で黒人の中に刷り込まれた白人の価値観まで暴こうとしたことと重なってくる。そしてそこに、アリの存在と、世間を挑発しようとしたプロレスラーである猪木の存在が、重なってくる。試合から四十年を経て『アリと猪木のものがたり』を書いているうちに、この二人の奇跡の邂逅は、実は宿命的な出会いだったと思うようになってきたんです。対立軸を設定しようとしたんだけれど、両者をつなぐ共通項が見えてきた。そういう相手同士が、あのリングの中にいたんだという別の感動がありました。そこが、この試合の生命力《ヴィンテージ》の源だったんです。

## 流転を楽しむ感性

**猪木**　闘った時は、アリが黒人運動の旗手だったとか、彼の背景とかはまったく知りませんでした。そもそもブラジルからこの世界に入った時も、黒人差別自体に知識がありませんでしたから。一九六四年にアメリカへ武者修行に行った時、ビクター・リベラっていうプエルトリコから来た選手と仲が良かったんだけど、テキサスでジムに行こうよって声をかけて一緒に行ったら、ジムのオーナーが俺だけ入れたことがあったんです。リベラはよく分かっているから、「イノキ、いい、いい。お前だけ行ってくれ」って言ってね。それまで差別をはっきりと感じたことがなかったから、その時初めて「あ、こういうものなんだ」と、黒人差別がそこまでひどいって分かった。ホテルで部屋がなくて黒人選手と同じ部屋に泊まったことがあったんですが、そうすると翌日、「お前、アイツと寝たのか！」みたいに言われたこともありました。ちょうど六〇年代頭のアメリカというのは黒人差別が一番ひどい時期だったんですね。

**村松**　猪木さんってすごく感性が鋭い人だから、同じ人間なのに黒人を差別する社会を目の当たりにした時、恐らくプロレスラーでありながらプロレスへの偏見を持つ自分とどこか照らし合わせて感じたりしていたかもしれない。

猪木さんの感性の基盤には、非定住というのがあると思う。一方のアリは、黒人に生まれ育ったことへの誇りと負荷と、定住感がある。アリは、黒人の価値観に定住しようと決めて、その覚悟で白人の価値観に反抗していった。猪木さんは日本とかブラジルとか、軸をどこに置いたらいいか分からないうちに、プロレスという虚構と現実が入り混じる世界に入って生きてきた、本質的に非定住の存在なんですよね。ひとつの場所で、日本人なら日本人であるという基盤から来る価値観とはまったく違うものをいっぱい持っている。もっと深く言うと、定住性に対して、転変することを味わう感性がある。日本画家の堀文子《ほりふみこ》さんをテーマとする作品を書いた時に『極上の流転』ってタイトルを付けたんだけど、猪木さんにも当てはまるような気がします。流転することは、さまよって心もとないものなんだけど、流転することを楽しむ感性がある。それが猪木さんの底知れぬ許容力にもなっているんだろうと思います。

ニューヨークでの初対面から三カ月後の六月一六日、アリは来日した。五月二四日にリチャード・ダンを五ラウンドTKOで七連続防衛に成功したばかりのアリは、マネージャーのハーバード・モハメド、プロレスのコーチ役という触れ込みのフレッド・ブラッシーら約三十名のアリ軍団を引き連れ、到着した羽田空港で報道陣とファンにもみくちゃになりながら、決戦の地となる東京に上陸した。

当初アリ側が提示し、猪木側が呑んだ一千万ドル（約三十億円）のファイトマネーは、交渉の末、当時のAP通信によると、アリが六百十万ドル（約十八億三千万円）、猪木が三百五十万ドル（約十億五千万円）でまとまった。だがルールは合意に至らず、アリ陣営の来日後に最終交渉することになっていた。まとまらなければ、土壇場で中止になる危険すらはらんでいた。

**村松**　ルール問題で両陣営がもめていた時、これは屈折したプロレスファンの感覚としか言いようがないんだけど、僕はどこかで、アリが急にリングに上がるのをやめて試合が中止になればいいなって思っていたところがある。答えが見つからないわけですよ。どういう試合になると猪木ファンとして満足できるのか。世間を満足させられるのか。それが想像できない。試合前の想像の中に、現実に行われた試合展開はまるで入ってないですよ。だけど、アリのプライドがあって、猪木のプライドがあって、ということを考えた時、一番落ち着くのは、弱気になってアリが逃げ出したという言い方ができるから、直前に中止になればいい、と。そういう非常にレベルの低い思いがありました。

ルール交渉は紛糾し、連日、深夜にまで及んだ。舞台裏の緊迫の一方で、表舞台では試合に向けた行事が日々、進んでいた。来日翌日の六月一七日にアリが公開スパーリング。一八日には有楽町の外国人記者クラブで猪木とアリの共同会見。二〇日に後楽園ホールで両者が入場料三千円の有料公開練習が行われた。

**猪木**　試合までの心理状態っていうのは、「俺はこれだけやっているから負けるわけがない」と思うんだけど、あいつが日本に来た時に足に鉄の輪っかを巻いて五キロ走ったと聞くと、「まだ練習が足らないんじゃないか」って、不安になってね。あいつが手が震えて水も飲めないと聞くと、ちょっと安心したりね。それは、恐らくアリも同じ状態だったと思います。試合当日までそんな心理状況がありました。

## アリも世間もはね返す言葉

二三日に新宿の京王プラザホテルで調印式を兼ねた歓迎ディナーパーティが開かれた。NETテレビが「水曜スペシャル」で生中継したこのセレモニーで、猪木は意を決してルール問題の裏舞台を暴露した。

**村松**　あれは言葉の選び方から、猪木さんの決然たる表情から、凄いシーンだったですね。感服しました。猪木さんが実際にパフォーマンスみたいにしゃべる言葉の中で、あんなにインパクトのあるメッセージって聞いたことがない。

村松が感服した猪木の叫びは、試合から三八年後の二〇一四年六月二六日発売のDVD『燃えろ！　新日本プロレス　猪木VSアリ　伝説の異種格闘技戦』に収録されている。ガウンに身を包んで調印式に登壇した猪木は、アリの挑発を無視し、意を決したようにマイクを右手で摑むと立ち上がった。猪木の言葉を再現したい。

「ちょっとお時間ください。調印式に入る前に皆さんにこれまでの経過と一言ご報告申し上げます。三月の二五日に調印をいたしましたが、それ以後、公の場で非常に侮辱《ぶじょく》的な罵倒を浴びました。でも私自身、一言もそれに反論せず、ずっと耐えてまいりました。それから今回の契約について、またルールについてすべてアリ側の条件を呑んでまいりました。なぜか。これは私は絶対にこの試合を実現させたいためで、今日まで耐えに耐えてきたわけです。しかし、先日の外人記者クラブの席上でプロレスはインチキだ、お前の蹴る蹴りは全然痛くもかゆくもないと発言した。ならば、皆さんにご紹介しましょう、ここで。アリ側の汚い戦術、裏側で何と言っているか。ドロップキックは使わないでくれ、あるいは、空手チョップは使わないでくれ、それから寝てから殴らないでくれ。再三再四のルールの変更にもずっと耐えてきたわけです。しかし、これにも私も限界があります。結果は六月の二六日を待てばいいわけですが、しかし、その経過において、非常に汚い戦術、そして私は手と足を縛られて闘うのと同じような条件でなおかつ闘うわけです。アリがもし、日頃、大口を叩き本当に世界的なチャンピオンであり、偉大なボクサーであるならば、私は公の場でアリに申し上げたい。私は最初に、私の財産、あるいはすべての興行収益、クローズドサーキットをかけて勝った者がこれを取ろうじゃないか。それだけの覚悟で私はこの試合に臨みます。もしアリ側が望むならば、その契約書を今ここで交わしても構いません。それでは、どうも」

アリは猪木の訴えを下唇をかみしめ、セコンドのフレッド・ブラッシーに抱きかかえられながら聞くと、勝者が興行収益を総取りするという猪木の提案に対して、「YES. AGREE!（受けて立つ）」と絶叫した。アリは、そのまま中腰で鼻息荒くサインし「今すぐお前とやりたい」と猪木を挑発した。動き続けるアリに対し、イスに腰を下ろしたまま動かない猪木が、最後に再びマイクを持った。

「アリが今日になって、この試合は、真剣だ。当たり前の話です。最初から真剣です。それをここへ来て、オレは真剣だ。この試合は真剣だ。やめるなら今だ。私は今まで常に真剣にやってきました。今まで、じゃあアリの試合は嘘だったのか。そういうことで、とにかく二六日、私は先ほど申した通り全力をリングに叩きつける。勝ち負け、勝負は時の運です。しかし、必ず勝てると確信を持っております。どうもありがとうございました」

**村松**　ものすごく正々堂々としていた。天下のアリが相手であっても大丈夫なんだという満々たる自信を感じました。人目があったり、マスコミがいたりしてのパフォーマンスでもあるかもしれないけれど、それにしては万感がこもってもいたし、言葉の選び方もなかなかのものだった。あのシーンを見て、猪木さんってリング以外でもすごい存在だって思った。国会議員ではそういう姿をあまり見せてくれないけど（笑）。

　興行収益をすべてかけるというあの言い方は、プロレスの中ではよくあります。それを含めてプロレスラーとしてのプライドを感じるところがあった。プロレスで当たり前に行われていることはインチキだと思っているかもしれないけど、「それが本当になっても大丈夫だと思っているから、俺は言っているんだよ」という感じの、すごいアジテーションだったし、プロレスラーという自己規定を強く発している。プロレスに対する世間の見方も受けた上で、それをはね返す力があの言葉にはこもっていた。

**猪木**　あの時の言葉については、もうよく覚えてないですね。勝った方が総取りっていうのは、プロレスの世界だとよくあったじゃないですか。それを、そのままぶつけたんだと思いますよ。

**村松**　あそこでアリがサインしたのは、トランプ大統領じゃないけど、「サインぐらいするよ。その代わりいつでも引っ繰り返せるよ」みたいな感じでしょう。実際、サインはしたけど、猪木さんの提案は引っ繰り返されたわけで、あれは強者のやり方がまかり通ってしまうという世界でもあった。

## 猪木×アリ戦、ルールの全容

調印式が行われたこの日、猪木が憤った、アリ側の要求をすべて呑んだルールが報道陣に発表された。翌六月二四日付の「報知新聞」に「格闘技世界一戦　これがルールだ！」の見出しでルールの全容が掲載されている。

■試合時間
一ラウンド三分の十五ラウンド制。休憩は一分。

■採点法
一人のレフェリー、二人のジャッジが五点法で採点する。

■装備

A　ボクシング用トランクスまたはプロレス用タイツ。
B　ボクシング、プロレス用のシューズまたはハダシ。
C　ボクシンググローブ、空手用保護グローブ、素手またはバンデージ着用。
D　バンデージを巻く場合は、相手が了承したもの。
E　いかなる物質も体やグローブにぬってはいけない。ケガをした場合は例外。

■試合の終了

A　判定＝十五ラウンド終了したときは、レフェリー、ジャッジの合計得点の多い方が勝者。
B　フォール＝肩甲骨を含む両肩がマットについて三カウント経過したとき。
C　KO＝ノックダウンして十カウント経過したとき。
D　ギブアップ＝競技者またはチーフセコンドが棄権を申し出たとき。
E　ケガ＝ひどいケガをしたとき。ただし、判定をする権利はあらかじめ競技者が指名したドクター。

■反則

A　こぶしでベルトの下を打つこと。
B　ヒザ、ヒジで打つこと。
C　急所を打つこと。
D　頭で打つこと。
E　指またはオープングローブで目を攻めること。
F　レフェリーがブレークを命じたあと攻撃すること。
G　首のうしろ、ジン臓を打つこと。
H　手の平で打つのを除くプロレスで使うすべてのチョップ。
I　ノドを打つこと。

プロレスで通常認められているキックは禁止する。ただし、ヒザをついたり、しゃがんでいる状態のときは、足または足の甲、側を使って、相手を倒す足払いは認められる。ギブアップを迫る場合は、相手に意思表示をするチャンスを与えなければならない。

大きな反則を犯した場合、または一、二回の警告のあと反則が繰り返された場合はレフェリーが失格を宣告できる。

■競技者への制限

A　ボクサーは、立っているときは、ボクシングルール。寝技になってもパンチが打てる。レスリングスタイルに変更する権利を持つ。

B　レスラーは反則と規定されたほかのプロレスルールに従う。二人とも立っているときはパンチできる。ホールドしているときはパンチできないが、腕で打つことはできる。

C　競技者がロープにふれたときは、ブレークとなり、リング中央へ戻る。

D　競技者がロープ外へ出た場合は二十カウント内にリングへ戻らなければならない。

E　パンチでダウンしたときは八カウントを数え、その間は攻撃をしてはならない。

このルールを報じた記事は、アリ有利、猪木不利の見解を示している。

《試合ルールが二十三日決まった。アリ側が提案した内容を同夜の調印式で猪木側が了承したもの。それによると、プロレス技の禁止事項が多く、ボクシングの有利。猪木は得意のとびげりも使えないことになり、手も足も出ないダルマ同然の試合を強いる内容》

発表されたルールによれば、アリはプロボクサーとして普段通りの試合ができることを容認されていた。一方の猪木はプロレスラーとして、キックもチョップも、後頭部を攻撃するバックドロップに象徴される投げ技も、頭突きも、制限された状態で闘うことを強いられた。さらにアリ陣営は、調印式で猪木が勝者が興行収益などを総取りする提案をしたことに激高し、無効にしなければ試合を中止すると通告した。結果、勝者総取りは白紙になった。

## 「とにかくリングに上げれば、片づけてやる」

**村松**　周りが試合中止の通告にまで踏み込んだのは、アリの商品価値を守るためですよね。商品価値を考えた時、ザイールで試合をやった体験からすると、いろんなことを想像したと思う。猪木陣営に怪しいやつがいるかもしれないとか、いろいろ考えるわけでしょう。そうすると陣営としては、アリの商品価値が損なわれたらマズイと考えてアリを引きとめて、それにアリがうなずいていたら、そこでこの試合は実現しないで終わっていた。だけど、アリは闘う人間として考えるから、ルスカ戦でアメリカのプロレスラーとは違う匂いをアントニオ猪木から感じ取っていたとしても、猪木に対する資料がそれほどなかっただろうから、リングに上がれば、オレの一発で仕留めることができないわけがない、猪木がオレのパンチをよけられるはずがないと信じていたはずなんですよ。絶対的な自分の力を知っているという意味で、それこそプロレスで言うシュートみたいな感覚で、ボクサー的にアリは確信してリングに上がったと思う。

**猪木**　試合前日にアリ陣営が帰ると言い出したんです。それで、試合当日の夜中までルール交渉することになって、俺はその結果を部屋で待っていた。アリ側はあらゆることを要求してきたけど、俺は最終的には「何でも呑んでやれ」って指示した。なぜなら、こっちにとって一番のダメージは、アリがリングに上がらないでアメリカへ帰ってしまうことだったから。悪口を書きたいやつは山ほどいたわけだから、アリが帰ってしまえば「ほらみろ、ざまぁみろ」って言われるのが目に見えていた。それに俺自身、「とにかくリングに上げれば、どんな形でも料理して片づけてやる」という自信があった。最終的に向こうが言ってきたルールがどんなルールだったかは覚えていませんが、全部、呑めと指示したんです。

**村松**　猪木さんはアリ戦でプロレスラーの汚名を晴らす意味もあったし、プロレスの看板を背負って闘うということは、この試合に挑む猪木さんの構えだったと思います。アリは、ボクシングの世界では、公民権運動とも違う、黒人でさえ内面化していた白人的価値観を暴くとか、闘う意味がクッキリしていた。だけど猪木戦は、何と闘うのか分からない曖昧《あいまい》なもどかしさがあったはずなんです。

だけど猪木さんは、当時、アリというのがどんな存在なのか、分かっていなかったと言っているのだから、アリ自身が抱えていたであろうもどかしさを感じていなかったかもしれない。猪木さんはプロレスラーとして数々の相手をリングでもてなしてきた。だけど、この試合は「もてなす」アントニオ猪木を消してリングに上がったと言えると思います。

猪木とアリの格闘技世界一決定戦は、試合当日の六月二六日までルール問題で紛糾しながら、とうとう現実のものとなった。試合当日の朝は、小雨交じりの天気だった。そして試合開始の午前一一時五〇分を迎える。

# 第7章
# 猪木×アリ戦の生命力

## 「最初の一発で仕留める」

日本武道館は、一万四千人（主催者発表）の超満員の観客で埋まっていた。ロイヤルリングサイド席が三十万円という、当時はもちろん、現在でも破格の設定となった。アントニオ猪木が先にリングに向かった。次にモハメド・アリが登場した。

**猪木**　リングでアリの顔を見た時は、俺の中にも怖い思いはありましたが、それ以上に向こうの方が怖がっていると感じました。あいつの顔を見て、「負けることはまったくない」と確信した。

**村松**　アントニオ猪木とアリが現実に顔を合わせた瞬間に、いままで味わったことのない何かが生じた。その時の変化は、猪木さんよりアリの方が大きかったと思う。

村松は、当時、中央公論社の文芸誌「海」の編集者だった。吉祥寺の自宅で静岡の高校時代の先輩とNETテレビによる午後一時からの放送を待っていた。

**村松**　試合当日の僕の心情は、プロレスファンというより猪木ファンであって、それまでずっと、何かあった時にアントニオ猪木はやってくれたという蓄積された思いがあった。ルール問題でアリに帰られたら大変なことになるから、それで全部呑まなきゃならないという内情は、猪木さんの調印式での発言や東スポなんかの報道でも分かっていました。僕はアントニオ猪木のプロレスラーとしてのしたたかさを知っているから、世間からは罵倒されるかもしれないけど、アリが想像もできないようなやり方で、プロレスファンの溜飲《りゅういん》を下げるシーンを作ってくれるだろうと、どこかで期待していた。アントニオ猪木なら何かをやってくれるだろうって。それは、タイガー・ジェット・シンとの試合とか、ウィルエム・ルスカとの試合をこなしてきた存在への信用というのかな。そういうすごく幼い期待があった気がします。

だから、武道館へは行かないで、家のテレビで見ているという。これもまた、当時のプロレスのファンらしい物腰でした。

猪木は、黒のショートタイツとリングシューズ。アリも白いトランクスと互いにいつもと変わらない姿だった。ただ、アリのボクシンググローブだけが違っていた。当時、ヘビー級の試合で通常使うタイプとは違う四オンスという極めて薄いグローブだった。リング上では国歌吹奏などのセレモニーが終わり、午前一一時五〇分、レフェリー、ジン・ラベールの合図でゴングが鳴った。

**猪木**　あの試合は、ルールに関していろんな言い方があるけれど、どんなルールになっても、俺の中では一発の勝負だと思っていました。アリも一発で仕留める自信があったと思う。試合前にこうなったらどうするかとか戦術なんか考えていなくて、すべて直感だった。ゴングが鳴った瞬間「これで決めてやる」って閃《ひらめ》いて勝負に出た。

ゴングと同時に猪木は、赤コーナーのアリを目がけ、スライディングしながら右からの蹴りを繰り出した。標的は、アリの軸となる左足だった。「一発の勝負」に出た猪木の賭けは、しかし空振りした。

**村松**　最初の一発で仕留めるということは、猪木さんは一回で終わらすことを考えたわけか。それは意外ですね。一発の勝負という……猪木さんの中にそういうものへの根拠があったんでしょう。普通のプロレスをやっていくなかで、相手に何か仕掛けられた時の手だてとか自信とかが、あの蹴りに込められていたと思う。ただ、一発の勝負という意味では、スライディングする瞬間、アリに近づくわけだから、一番危険なことだった。

一発の賭けが空転した猪木は、以降、後に「アリキック」と呼ばれる、寝た状態からの蹴りを繰り出していく。

**猪木**　一発の蹴りで終わらせるつもりだったのが、空振りした。今度は、ルール制限があったから立って蹴れない。村松さんが言うように、危ないのは蹴りに行く時にパンチをもらうことなんです。寝ころんで蹴る攻めは、俺も計算したわけじゃない。本能的というか意表を突くっていうか、そういう部分もあった。

**村松**　試合に至るまでの経過とか、期待感とか、いろんなものが入り混じったなかで、リングで寝ながらあの蹴りを出し続けるというのは、多分、闘いへの構えからしても、テクニック的に言っても、アントニオ猪木以外、誰もできないでしょうね。ただ、四十年前に見ていた当時は、そんなふうには捉えられなかった。「猪木が勝てばいい」と思って見ていたわけだから、途中からイライラしてくるわけですよ。このままじゃ観客も納得しないし、勝つという見込みもないし「どうするんだろう」と。引き分けだったら観客は怒るな、とかね。それが今になって見返すと、アリのパンチの速さと、猪木さんのアグレッシブな攻めに驚かされましたね。

当時はイライラしながらも、「寝てばかりだけど、ああすればパンチは避けられるよな」というふうに思っていたけど、今、見ると、あれで仕留めるしかないルールでやっているんだから、猪木さんの蹴りは、あれ全部、仕留めに行っているんですよね。最初一、二ラウンドは軽くかすめていたのが、ラウンドを重ねるごとに確実にヒットしてきて、どんどんアリにダメージを与えていった。その揚げ句の仕上げを考えていたと思うんだけど、その仕上げに至るきっかけがつかめなかった。

## なぜ強烈な肘《ひじ》打ちを入れなかったのか

猪木は、立っている時は左腕を伸ばし、後ろ足となった右足に重心をかけ、かがむような姿勢でアリと向かい合った。

**猪木**　あれは本能的な構えでしたね。練習したわけじゃなかった。拳から顔が一番遠い位置に来ることを考えると、自然にあの構えになった。いまの総合格闘技で、ボクサーとかキックボクサーの立ち技系の選手が一番強くパンチを打てるのは、自分の立ち位置に相手を置くことなんだけど、これまで総合格闘技に出たプロレスラーは、ほとんどの選手がキックボクサーと同じポジションを取ってしまう。パンチと蹴りが得意な相手に、その構えで組んだら最初から相手が一番得意な位置関係を作っているようなもの。相手が一番嫌なのは、足を取られて入ってこられることなわけだから、なぜそういう戦術を誰も考えないのかと思う。

俺がアリと同じところにいたら、パンチがガツンと一発入っていた。それを少し下がったり、上になったりすれば、パンチは弱くなる。それを本能で感じてあの構えが生まれた。

五ラウンドに、寝たまま蹴り続けた猪木の右の蹴りで、アリが腰から落ちかけた。しかしアリは必死でロープをつかんで倒れることを防ぐ。この試合で初めて観客が沸いたシーンだ。

**猪木**　最初の蹴りは失敗したけど、どんな展開になっても五ラウンドまでには倒せると自信満々だったから、あのロープブレイクは誤算だった。ロープを摑まれると倒れないから、ロープブレイクだけはルールになければ良かったと思う。それもすべて、今となってはという話ですけどね。当時は、とにかくアリをリングに上げることに必死で、そこまで考えられなかったから。

**村松**　これも当時は分からなかったことだけど、アリ戦のアントニオ猪木って、試合が始まってから……というか、この試合が決まったニューヨークでの調印式から、一切プロレスラーをやってない。逆にアリの方が一生懸命プロレスラーになろうとしていた。それは、リングに上がってからもそうで、あの挑発のやり方とか、明らかに「プロレスをやろうぜ」というアリの思惑が出ていました。それは、アリが途中で対猪木の対立構造を見極められなくなったからじゃないですかね。

強者と弱者という立場から言えば、猪木戦に関してだけは、自分が上で白人の立場になって黒人と闘うみたいな構造になってしまった。それは、アメリカのボクシングチャンピオンと日本のプロレスラーという立場から言ってもそうだし、世間的な知名度から言ってもそうだった。自分が上になって弱者と闘うとなると、これまでアリが培ってきた対立構造が崩れちゃうんですね。だけど猪木さんにとっては、相手は確固たるボクシングの世界ヘビー級チャンピオンなわけだから、アリは十分にターゲットとして成り立つ存在だった。アリは、試合までにアントニオ猪木を揶揄して見てきたけど、猪木というイメージがその時々で変わってきて、闘う直前までルール問題で両陣営を含めたせめぎ合いがあったとしても、リングに上がる自分として猪木に近づけば近づくほど対立構造がなくなり、どういう敵と闘うのかという戸惑いを感じていったと思います。

それは、リングに入って余計にそうなった。猪木はこれだけ寝たまま蹴り続けて、寝ては立ってという動きを続けている。アリは「自分が知っているプロレスラーのトレーニングだったら、すぐにバテて腹筋が参るはずだ」と思っている。ところが猪木はそうじゃない。そのうちアリは逆に、「これだけ蹴り続けるエネルギーとスタミナって何だろう」となっていったはずです。一方で、「パンチが一発当たれば絶対にオレは勝てる」という確信もある。だけど、その確信の裏側に戸惑いもある。倒す相手に何を思い知らしめたかということがないと、アリじゃないわけですから。それを試合前にも試合中にも見つけられなかったと思います。

だからお互いが抱える対立軸ではアリの方が混乱していて、猪木さんは不変だった。ただ、仕留め切れないという部分で、二人はラウンドを重ねるごとに同じストラグルに入ったと思います。

互いに仕留め切れない膠着《こうちゃく》状態が六ラウンドに崩れた。寝た状態から猪木が蹴った左足首をアリが両手で捕まえると、猪木は右腕でアリの左足首を抱えた。そのまま猪木が自分の両膝を折りたたんですぐに伸ばすと、左足首を抱えられていたアリがバランスを崩した。

そのまま猪木は右側に体を回転させ、アリを仰向けに倒したのだ。猪木は、アリの顔を背に座り込む状態になった。アリが右手でロープをつかんだ次の瞬間、猪木はがら空きになったアリの顔面に肘《ひじ》を落とした。明らかな反則にアリのセコンドのアンジェロ・ダンディーがエプロンに駆け上がって猛抗議し、猪木は一ポイントの減点を取られた。

**猪木**　倒した時、強烈な肘打ちが一発入れば終わりだった。肘を落としたことは落としたんだけど、いまでも俺自身、不思議なんだけど、なぜ、本気で肘を入れて決めなかったのか、分からないんです。これは神がかった話じゃないけど、どっかに神がついていたのかもしれない。俺なのかアリなのか、どっちの神なのかは分からないですけどね。

**村松**　猪木さんは、あの時、手加減したとかそういう問題じゃなくて、何か、あの肘打ちを凄まじくさせなかったものがあったんじゃないかと思う。その凄まじくさせなかったということについては、僕の想像では、猪木さんも自分で感じたし、アリも感じたんじゃないでしょうか。だって、アリはまったくの無防備ですからね。「いま、やられたらおしまいだ」ということは、格闘家として分かると思う。猪木さんだって、五ラウンドまでに仕留められるという自信があったけれど、それができなかったわけだから、あの機会を逃すのはおかしい。あそこで二人の間に何かが動いたと思います。

## 何かを守る安全装置

村松は『アリと猪木のものがたり』でこの六ラウンドに生まれた一瞬の攻防を、「幻妙な真空状態」と表現した。

**村松**　僕はそう感じたんです。個と個っていうキーワードを解いていくと、あの言葉が導き出された。惑星と惑星が一瞬止まって、お互いに行き交う中で生まれたのがあの瞬間だと思ったんですね。猪木さんは、「どっかに神がついていたのかもしれない」と言ったけど、躊躇《ちゅうちょ》というのでもない、何かを守るという意味の、アリと猪木の両方の世界におけるフェイルセーフ（安全装置）かな。そういうものが働いたんじゃないかと思います。その後の二人の人生を振り返ると、あの場面が二人が溶け合うきっかけになったはずなんです。

**猪木**　俺があそこで肘を入れてアリを倒していたら、もしかしたらとんでもない事件になっていたかもしれない。というのは、今なら信じられない話だけど、アリのセコンドは、アリに万が一のことがあったらということでピストルを持って入っていましたから。だからあの試合は、まるで戦争のように、俺に向かって「この武器を使えばお前は終わりだよ」と常に突きつけられているような感覚がありました。この試合は異種格闘技戦と言われているけど、拡大解釈すれば、そんな枠を超えた部分にまで行ってしまっていたんです。

**村松**　ピストルとか言い出すと、なんかいかにもという話になっちゃう。そこは猪木さんらしいところですよね。もちろん、僕が感じたことが正しいかどうかは分からない。それよりも四十年前は、そんなことは想像もしないで見ていた。それどころか、あのシーン自体を一番見過ごしていたぐらいでした。「あの時にやれば何とかなる」と思った人は、当時から繰り返しビデオで再生して見ることができた人で、武道館にいた人もテレビで見た人も、大多数があの試合は一回しか見ることができなかった。

だから、「反則負けでもいいから、プロレスラーの強みでやっちゃってくれ」と、倒せないまま一五ラウンドまで行くよりは、その方がいいとしか見ていなかった。そうすると、試合を頭の中だけで振り返った時には思い浮かんでこないんですよ、あの六ラウンドが。だからこそ試合を見直して、これほど重要なシーンだったのかという発見があった。それもまさに、試合の生命力ですよね。

**猪木**　いま思うと、肘を入れていれば俺が勝ったのか、それとも反則負けになっていたのか、あるいは、勝っちゃいけない何かがあったのか、難しいんだけど、そこは俺にもいまだに分かりません。ただ、闘っている中では、アリのことが分かるとか、友情の芽生えとかはありませんでした。

**村松**　六ラウンドで、アリは何かを猪木と共有したと思うんだけど、もしかしたらその前からだったかもしれない。前夜祭、調印式の時も、これは普通の相手じゃないという感覚があったと思う。まずアリは、こいつが自分とプロレスをやらないと言っていること自体が信じられないわけです。本気でやるつもりでいるらしい、こいつならやるだろうと納得するような瞬間があったんじゃないだろうか。

それがいつだったのかは分からないけれど、その象徴的なシーンが、六ラウンドの肘打ちだったのかもしれない。

「幻妙な真空状態」をはらんだ六ラウンドを終えた七ラウンド。この試合でアリが初めてパンチを放った。左ジャブが猪木の顔面を捉えた。

**猪木**　どんなパンチをもらったかは覚えてないんだけど、一発、額に入ったパンチがあって、後から見たらそこがコブになっていた。グローブは四オンスで手袋みたいなもんだから、額だから良かったけど、もっと下だったら確実にダウンしていた。試合が終わってから、アリのグローブにシリコンが入っていたって話もあったけど、本当のところは分からない。ただ、(テーブルを叩きながら) こんなもんじゃなくて、スゲえ固かった。ラウンドを重ねながら、こっちは倒せば行けると思っていたけど、アリはこっちを一発で仕留められる自信があったと実感しました。

**村松** アリのパンチもかするように当たっていた。当時気づかなかったことで僕が驚いたのは、アリのパンチが顔面に当たった後、猪木さんが下がっていないことです。猪木さんが「コブになった」と言っているのは、一〇ラウンドのパンチだったと思うんですが、この時、一瞬、動きが止まるんだけど、すぐに蹴りを放って、攻めに転じている。現役のヘビー級王者、しかもアリのパンチを受けてもたじろがないアントニオ猪木に、今更ながら驚きました。

それと、試合中の猪木さんって、すごく冷静で、目がもの凄く澄んでいるんですね。かつて僕はブラジルの牧場で地面に腰を下ろし遠くを見るような目をした猪木さんが、「何も音がしなくなると、風の音だけが聞こえるということがありますね……」と言うのを聞いたことがあるんだけど、そんなアントニオ猪木がそこにいたんじゃないかな。「風の音だけが聞こえる」って、誰にでもありますよね。親に叱《しか》られている時に突然、時計のチクタクという音だけが聞こえてきたり。

「風の音だけが聞こえる」というのは、何かを正面から受け止めることを避けようとして、心がどこかへ彷徨う時でもあるような気がします。風の音に耳が行くという猪木さんって、そういう時間の切り抜け方が多かったと思うんです。自分が何も分からないうちに父が亡くなり祖父の家に預けられ、いきなりブラジルへ行って暮らすことになった。猪木さんは、自分では壮絶だったとか言わないけれど、それは大変だったと思います。そこに猪木さんの「風の音だけ」を聞いて過ごしてきた時間を感じる。ビデオであの澄んだ目を見た時に、猪木さんが言った「風の音」が甦《よみがえ》った。

## リスクを冒した執拗《しつよう》なタックル

八ラウンドのゴングが鳴る前にアリのセコンドのアンジェロ・ダンディーが猪木陣営にクレームを付けた。猪木の蹴りでアリの膝の裏が真っ赤に腫《は》れたため猪木がリングシューズに何かを入れているのではと抗議したのだ。レフェリーのジン・ラベールは、アリ陣営の抗議を受け入れて、猪木のシューズをチェックし、何も入っていないことを確認したがアリ陣営は、猪木のシューズの左つま先にテーピングすることを求め、猪木はつま先にテープを巻いた。

**猪木**　そう言えば、アリのセコンドが何か言ってましたね。だけど俺はまったく気にならなかった。アリに群がっている人間たちにすれば、アリは巨大な財産ですから、自分たちの財産を守るために必死なんだなと思いました。それぐらい、すごく冷静に見ていましたよ。

**村松**　この中盤ぐらいで、猪木さんがラウンド終了の分かれ際にアリの膝をチラッと見るところがある。相手の膝の具合を見ながらコーナーへ帰るっていう、何か職人のような眼差しだった。僕は格闘技の専門家でもないし、格闘家でもないから、そこにどんな意味があるのかリアリズムとしては分からない。職人というのは僕が感じたイメージなんだけれど、アリの膝をチラッと見て帰る姿に、ずっと見下されていたアントニオ猪木が、モハメド・アリをプロレスの試合では見たことがないように冷たくもてなしているけはいを感じたんですよね。

一〇ラウンドに猪木は、この試合で初めて、アリの腰にタックルを試みる。タックルは一三ラウンドにもフェイントをかけて二度仕掛けるが、いずれもロープへ逃げられた。

**猪木**　あのタックルは、レスラー同士だったら、もうちょっと短い距離から仕掛けて下に入れた。アリには、それこそ核ともミサイルとも言えるパンチという武器があったから、こっちは、どうしても長い距離から仕掛けるしかなかったんです。こっちは、倒せば勝てると思っていたけど、ロープブレイクが認められているから、摑みにいっても、ロープに逃げられるという思いはあったし、摑んでも汗で滑ってしまってね。

**村松**　猪木さんは、これだけ蹴っているのに、どこかで組みつくきっかけがあるに違いないと思いながら、リングの中央でうまく倒せなかった。アリも一発当たればという満々たる自信がある。プロレスラーの動きを見切っていない瞬間なんてないわけだから、一発決めれば簡単に終わると思っているのに、そのタイミングがつかめなかった。なぜだろうって、お互いに思っていたと思うんです。ファンとしては、猪木さんがリスクを冒して執拗にタックルしたのは、少し安心するところなんですよ。いまあの場面を振り返って、猪木さんはロープブレイクがなければと言うんだけど、相手はアリだからなあ。関節技が決まってブレイクがなかったとしても、アリはギブアップするだろうか？　ルールでは、寝技になってもアリにはパンチが認められていたから、極端に言えば、アリなら三センチの隙《すき》間《ま》があれば、アゴを砕くぐらいのことはできる。だから関節を取っても危ないところがある。そういう意味で、アリがその気になったらという場面が、いくつかあったと思います。アリはそれをせず、離れていた。あの試合には、そういう金縛りがあったのかもしれない。

一三ラウンドは、六ラウンドに匹敵する激しいラウンドだった。アリが二発の左ジャブで猪木の額を捉えた。一方の猪木は、二回目のタックルをロープに逃げられた時に金的への膝蹴りを放った。反則攻撃にアリは赤コーナーへ戻りリングを下りる仕種《しぐさ》を見せた。

**猪木**　パンチはあと何発か食らったら沈んでいたかもしれない。ただ、急所蹴りは狙ったんじゃなくて、たまたまそういう感じになったんだと思います。

**村松**　いま見ると、急所蹴りなんかは、猪木さんらしいと思う。UWFとやった時の藤原喜明との試合を思い出してね。あの時も急所蹴りをめぐって、急所に当たった、当たらないで前田日明がクレームつけたりしましたよね。後から猪木さんに、「あれ急所当たったんですか?」と訊くと、「当たったかもしれませんね」なんてさりげなく言ってましたからね。そういう普通の人が大変と思うことを当たり前のように思うところが猪木さんにはあって、アリ戦での急所蹴りなんて、猪木ファンにとっては反則でも何でもなくなっちゃっている。ある意味では、力道山がフレッド・ブラッシーに散々なことをやられた揚げ句に今度は逆に急所蹴りをやったりするでしょう。それをみんなが許しちゃう瞬間ってあるわけだから、それが、すごくプロレスらしい。アリへの急所蹴りもそういうことだったのかなとも思います。急所蹴りをやった時は、猪木さんがプロレスラーらしい自分の姿を見せているという不思議な余裕を感じた。ただ、猪木さんはその後、孤独になっていったんだろうな。

## 二人が溶け合った瞬間

一四ラウンドで猪木は、「カモン！」と初めて試合中にアリを挑発した。

**猪木**　五ラウンドあれば倒せると思っていたから、焦りがありました。俺の武器はスタミナだから、終盤になってもその心配はなかったけど、一五ラウンドがアッという間に終わりそうだった。アリがどうだったかは分からない。もしかしたら、逃げ切ればいいと思っていたのかもしれない。他のボクサーなら、一回蹴りが入れば終わりだったと思う。そこはやはりアリの凄さだった。

お互いに仕留められないまま一五ラウンド終了のゴングが鳴った。試合内容に不満の観客からはリングへ物が投げ入れられた。アリは、猪木に右手を差し出し、両者は握手を交わし、抱き合った。その時、武道館からどよめきとブーイングのような不満が溢《あふ》れ出た。

**村松**　僕だけじゃなくて、日本中の猪木ファンは「猪木ならアリを何とかしてくれる」と思って見ていたんじゃないでしょうか。寝ころび続けても、「猪木のことだから、わざと寝ているんだろう」とか、「これは前半戦ではあり得る方法だ」とかね。それで、「さあ、そのうちに」と思っているんだけど、それが来ないうちに試合が終わり、「これは翌日の新聞で叩かれるな」という予感が覆いかぶさってきました。

判定の結果は、レフェリーのジン・ラベールが七一対七一。ジャッジの遠山甲《とおやまこう》が七二対六八で猪木。遠藤幸吉が七四対七二でアリ。三者三様の引き分けだった。

**村松**　猪木さんは、ボクシングの世界チャンピオン、しかもアリを倒すことでプロレスへの蔑視を崩そうと狙った。アリの方は、何のために猪木と闘うのか理由が分からずリングに上がった。そして、お互いが抱えるものへの答えが出ないままゴングが鳴ってしまった。試合が終わった時、それが溶けてしまったと思う。おざなりの握手をして猪木さんが引っ込もうとしたら、アリがもう一回、引き寄せて肩を叩いた。だから、そこが溶けた瞬間だったんじゃないですかね。

一五ラウンドという刻一刻の時間の中で、猪木は天性の、闘うことに備えているすべての能力を駆使して、アリも格闘家としてのすべての能力と技術を駆使して、そこにはプロレスラーもボクサーもない、バックボーンも黒人問題も差別もない、お互いのプライドとプライドだけがぶつかり合う、ただ闘っているだけという状態だったわけだから、溶けていったんじゃないでしょうか。それも、当人の自覚として、あの六月二六日に「溶け合ったと思った」とコメントするようなものじゃなくて、よく考えたらそうなっていたんじゃないか、という意味でね。猪木さんはずっと、「リングの中にいた二人しか分からない世界」というキーワードを言ってたわけだけど、お互いの中に素朴性を認め合うような共感とか信頼が生まれたと思います。僕は四十年を経て『アリと猪木のものがたり』を書いてその素朴性を見つめたわけだけど、猪木さんはプロレスへの偏見と闘い、アリは黒人差別と闘ってきたという共通項を見いだした。

村松が二人は通じ合ったと感じたことを如実に物語るような、一枚の写真がある。レフェリーのジン・ラベールがドロー判定を告げるべく、アリと猪木二人の手を高々と差し上げた時の瞬間を捉えた一枚だ。口を真一文字に結んだ猪木が、かすかにほほ笑んでいるような、どこか悔しさもにじむような、何とも言えない表情を浮かべている。この写真は『アリと猪木のものがたり』の表紙となった。

**村松**　世間のプロレスへの偏見を打ち砕こうとアリに挑んだけど、それが十分に遂行できなかったという自覚で終わったと思うんですね。それが、この複雑な顔になって出たんじゃないかな。だけど、目の前のアリという人とは、一五ラウンドの中でどっかで通じるものがあったという顔ですよ。その二つが交錯して、この試合を象徴している写真ですよね、これは。

いま見返すと、三分一五ラウンド四五分間に、信じられないものが詰まりすぎている。たった四五分間の出来事だったのかと思うとショックを受けるぐらい、目のくらむほど密度の濃い時間だった。途中でトイレなんかに行って、ちょっとでも見落とすと、全然、見えなくなる。そんな一刻も目を離せないほどの隙間のないやり合い。いまとなるとそういう達成なんだけど、当時は汚名は晴らせぬままという感じだった。

**猪木**　試合後の控室で、涙を流したのは覚えています。あの涙は、自分の思い通りに行かなかったということへの悔しさだったと思います。甘く見たわけじゃないけど、絶対に倒してみせると思っていたわけですから。ただ、いまにして思えば、勝ったから何なのって。

もし、アントニオ猪木がモハメド・アリに勝っても、当時のマスコミは「猪木は強かった」「格闘技のチャンピオンは、アリから猪木になった」という評価はしなかったと思います。どちらかというと、プロレスへの差別的な部分が逆に大きくなっていったんじゃないかな。

モハメド・アリとの闘いにすべてをかけた三三歳のアントニオ猪木だったが、試合後、「世紀の凡戦」と批判、中傷、嘲笑され、深い挫折を味わうことになる。

# 第8章
# 「リアル」を超える「ファンタジー」

## 格闘技への世間の目線

モハメド・アリと闘ったアントニオ猪木は、試合翌日の六月二七日の朝を東京・代官山の自宅で迎えた。

**猪木**　蹴って、蹴って、蹴って、蹴りまくったため、足の甲が剥離骨折していたんで、試合後は知り合いの接骨院に行ったんです。それで夜に代官山の自宅に帰って、寝て起きたら、朝一番で女房（女優・倍賞美津子）のお父さんが新聞を買ってきてくれてね。見出しをみたら、すべてが酷評で、中身は読みたくないっていう思いになった。

寝た状態で蹴り続けた猪木と、パンチを出せないアリというまったく噛み合わない試合を、スポーツ紙は容赦《ようしゃ》なく叩いた。

「看板倒れ　ファンどっちらけ」（報知新聞）
「〝スーパー茶番〟何が最強対決」（日刊スポーツ）

「〝蹴り〟つかず猪木アリ　真昼のイライラ」（スポニチ）
「世紀の上げ底ショー」（サンスポ）

**猪木**　百パーセント以上に勝つつもりでいて、翌日は、新日本のレスラー、社員、みんな連れて富士山に登ってやろうという計画まで立てていました。あの新聞の見出しを見た時に、すごい挫折感がありました。

**村松**　試合が終わった後、アリとある種、通じ合うものがあって、観客には伝わらないけど二人だけで通じ合った感触は生きていたと思う。仕留められなかったことに関しては、仕留めさせなかったアリへの敬意が生じていたとも思うんです。だけど、翌日に新聞を見たり、マスコミの反応を聞いた時に、現実に直面したんでしょうね。試合内容に踏み込むのではなく、あらかじめ結論を決めておいたような上から目線で、あらゆるマスコミが否定的な記事を作ったことに、自分がプロレスラーになって以来、感じていることと重ね合わせて、改めてショックを受けたんでしょうね。だから、世間がプロレスに対する見方という「負の札」を裏返せなかったと思ったんじゃないでしょうか。当時の猪木さんは、そのことをあまり表明していないけど、「プロレスなんて、たかが知れている」と思っている視線をひっくり返してやろう、プロレスに向けられた「負の札」を「正の札」に裏返してやろうという目論見は、絶対にあったと思う。
　それが、マスコミの報道は、どこもそれには触れていなくて、しかも、二人の闘いが奇跡的に実現したことや、なぜああいう試合になったかとか、そういう部分に分け入ることもなく、要するに、「初めからこう思っていたよ」という意見ばかりでね。そんな反応は、猪木さんの中で改めてショックだったと思います。試合の翌朝の挫折感は、猪木さんの感触と世間の目の格差から生まれたショックでしょうね。

**猪木**　ひとつ、うちの大きなミスは、ルールの説明をちゃんと試合前にできなかったことですね。実際には、それどころじゃなかったという部分もありましたが、それをちゃんと説明できていれば、もう少しファンも納得できたと思います。

**村松**　事前にルールの説明をしていればという話は、前にも、猪木さんから聞いたことがあります。ただ、していたとしても、実際の試合が想像を超える内容だったから、世間が納得できたかどうかは分からない。猪木×アリ戦が終わった後、猪木ファンとして僕もダメージがありました。普段の猪木のプロレスなら、どんな決着になっても自分の中で納得する筋道を見いだせた。だけど、相手がアリで結末があああなると、あの試合について価値観がまったく浮かばなかったんですね。世間から嘲笑され、プロレスはやはりプロレスだっていうふうにされている時に、それに反撃する言葉が自分の中にない。世間の罵倒とか嘲笑とか冷笑みたいなものと、自分の中にも重なる部分があったことも、言葉が浮かばない理由だった。もっとプロレス的ダーティーさでいいから、決着つけてくれた方が気持ちがいいなというぐらいに思っていた、僕はそんなレベルのファンにすぎませんでした。

今になると、格闘技に対する世間の物腰の普遍性を感じますね。世間って本当に手強くて、自分のスタンスを変えることをしない魔物ですよね。大相撲の元横綱日馬富士《はるまふじ》の暴行に端を発した問題なんかにしても、記事を書いている側に、どこか「しょせん、相撲取りの世界で」とか、「あの連中が集まって組織作ったって」というような発想を感じるんです。そういう世間の普遍的な格闘技への視線に気づきますね。

世間の格闘技への目線は、アリ×フォアマン戦みたいに「キンシャサの奇跡」と伝説にして語り継ぐことも時にはあるけど、猪木×アリ戦はそういうふうにはならなかった。猪木がプロレスらしい面白い試合をやったとしても、あの試合では二人とも満足しない。逆にアリが猪木を血だるまにしたところで同じで、猪木のプロレスラーとしての権威が失墜する一方、世間がアリを見る目も、所詮ボクサーということになったと思う。そういう意味では、二人は、世間という大きな宇宙のほんの一角に棲む、似たもの同士なんですよね。二人は、一見もっと普通で体も強くなくて運動もできなくて、でも世間を動かしている遥かに大きい魔物に吸い込まれていった。その意味では二人とも弱者なんです。だから、どうなっても当時は、あの試合に対する評価って変わらなかったとすら思う。そして、当時の僕にも、やはり世間的な価値観の物差しがあった。

**猪木**　挫折感を味わった時に、ひとつだけ救われたのが、試合の翌朝、家を出て通りを歩いていた時に一台のタクシーが通り過ぎたんです。その時わざわざ、そのタクシーが戻ってきて、運転手さんが「いやあ、ご苦労さん」って声をかけてくれましてね。その何気ない一言に、もの凄く勇気づけられた。人生において持って生まれた運とか、現実の中で味わう挫折とか、あると思うんですけど、瞬間の一言で立ち上がれる勇気をもらえるというか、そんなことをあの時に学びました。

## 茶化すネタを探すマスコミ

**村松**　運転手さんにそういう声をかけてもらった猪木さんが、すごく感動するっていうのは、僕の猪木さんへの感触からしてもよく分かります。猪木さんと伊豆の下田へ行ったことがあったんだけど、立ち寄った干物屋のおばさんとか、集まった農家の人たちとか、そういう普通の人と、猪木さんが普通の話をしていて、いろんな人の話を真面目に同じ目線で受け止めているシーンを何度も目にしたんですね。そういうところがあるから、評論家の誰それに言われたというのと、運転手さんに言われたということの誤差は、猪木さんの中ではないんですね。その運転手さんの言葉で感動したっていうのは、猪木さんらしいなと思います。

敵も味方もいっぱい見ているわけでしょう。評論家なんかを信じるってこともなかったから、もしかしたら、アリ戦をやる前から、試合をどう汲《く》み取ってくれるかということにはそんなに期待していなかったかもしれない。しっかり汲み取ってくれるとは思ってなかったけれど、あまりにも同じ色で報じられて、試合そのものよりもやはり茶化されたという感じがあったと思うんです。そこに励まされる言葉をかけられたということは、本当に嬉しかったんでしょうね。

猪木は、アリ戦へ動いた過程で「いつもプロレスを攻撃している」と感じていた朝日新聞にプロレスを報じさせる、と言っていたが、六月二七日の朝日新聞の朝刊では、この試合は報じられなかった。朝日新聞が「猪木×アリ」を報じたのは、試合当日の二六日付夕刊で、「見物料高くファイトは低く　アリ—猪木の格闘、引き分け」の見出しでこう伝えていた。

《しらけムードの世の中に、ドカンと景気よくぶっとばした〝豪華ショー〟――「格闘技世界一決定戦」と銘打ったプロボクシングの世界へビー級チャンピオン、モハメド・アリ（米）とプロレスラーのアントニオ猪木（日本）の試合は二十六日、約一万の観衆を集めた東京・日本武道館で行われ、大きな見せ場もなく、引き分けた。

なにしろファイト・マネーだけで、アリの取り分が十八億円、猪木が六億円。この気の遠くなるような額から〝三十億円興行〟とのサブタイトルまでついており、入場料の方もリングサイド最前列の二百席が三十万円、二列目が十万円という超デラックス版。最上段の三階一般席で五千円と値が張った。

それでも「真剣勝負か、それとも単なるショーか」で話題をさらったうえ、来日十日間のアリの〝ホラ吹き〟振りが前景気をあおって、三十万円の席に空席がないほど上々の入り。雨、それに衛星中継がアメリカの夜のゴールデン・アワーに合わせたことが、正午すこしまえの試合開始と条件は悪かったが、とにかく異色の顔合わせが無条件で人気を呼んだ。

だが、試合はおよそ〝格闘技世界一決定戦〟にふさわしくない展開。猪木はパンチを避け、リング中央に寝転がって、かにばさみに出ると、いつもの半分という四オンスの軽いグローブをつけたアリは、左右のパンチならぬ〝足げり〟で応戦した。そして例によって口からアワをとばしてのヤジ攻勢。

十三回、猪木のタックルが決まって組みついたが、アリはロープに逃れた。十四回、アリの左ストレートが初めてきれいに猪木の顔面をとらえたが、KOするまでにはいたらずじまい。見せ場といえばこの二回だけで、しょせんボクシングとレスリングは水と油。あっけにとられたファンを置きざりにして、二人は仲良くロッカールームへと消えた》

**村松**　茶化すネタに目が行っている。なぜ嘲笑に値《あたい》するかという証拠を一生懸命に探してくる感じの記事ですよね。下手すると出来レース的な雰囲気に取る人がいたとしても、それは取らせておこうという感じのスタンスですよね。当時の朝日新聞って世間のど真ん中ですから、この記事は、猪木×アリに対しての世間の視線はこうだったと、象徴しています。もしいわゆる名試合めいたプロレス的な試合をやったとしても、同じだったと思います。試合について、その過程も含めた記事を見直すと、アントニオ猪木に対する差別感もさることながら、アリに対しても「たかがボクサー」という視線なんです。黒人運動から説き起こすような、アリに対する敬意なんか毛ほどもない。「ホラ吹きクレイ」であり、

「蝶のように舞い蜂のように刺す」というおどけた試合ぶり。ラッパーみたいな試合中の言葉の発し方とか、アリの意味をすごく低いレベルで捉えていた。だから、試合についての記事は、「あの二人がつるんでやったことだから」というような匂いがしました。『アリと猪木のものがたり』でアリを洗い直した時、当時のマスコミのアリについての無知に、あらためて驚きました。

**猪木**　俺自身も、試合が終わってからアリについて勉強して見えてきたものがありますね。どんな理由で金メダルを川に投げたかとか、黒人運動をやっていたこととか……終わってから、アリの存在の大きさを知りました。でも、試合が終わった直後はそんなことは考えられなかった。試合後にアリがホテルに戻った時、人前では足を引きずりながら歩いていたんだけど、エレベーターに乗った途端に倒れたと聞いて、意地というか格闘家のプライドが凄いと感じました。いまから振り返ると、アリ戦は単なる勝ち負けの勝負じゃなくて、自分の人生観を変えた部分もありますね。

## 「二人にしか分からないこと」

**村松**　エレベーターの話を猪木さんから聞いて、僕の中では、ドアが閉まった直後にエレベーターの中で倒れたアリを猪木さん自身が目撃したと記憶しているんです。考えてみれば、一緒にエレベーターの中にいたわけではない猪木さんに、そんなシーンを目撃できるわけがない。聞いた僕がそう思い込んでしまったのは一種の猪木マジックかもしれない。それもふくめて、この四十年間、「猪木×アリ」についての記憶が曖昧になっていたんです。僕は、物を書こうとして資料を読み始めるといろんな分析が作動するんだけど、物を書こうとしないで漠然と事実を受け止めている時には分析的になれないんです。この試合も、四十年経ってから本を書こうと思ったゆえに、その作業の中で見えてきたものがいっぱいあった。

**猪木**　試合が終わってから、一番、困ったのはアリが韓国に行った時に「猪木との試合はお遊びだった」と発言したことです。あれで、さらにバッシングを浴びて、こっちは世界に向けての発信力なんてありませんから、あれにはほんとに困りました。NETが中継を打ち切るという話もあったし、アリ戦での借金で会社の財政が危機になった。アリとも、ファイトマネーの未払いを提訴されて、結局和解したんだけど、裁判になった。それでもそういうことを一つ乗り切り、また一つ乗り切っていくと、異種格闘技戦という新しい試合形式が生まれて、その結果、借金もすぐに返すことができたんです。

さらに嬉しかったことは、アリと闘ったことで、パキスタンのアクラム・ペールワンという国の英雄からの挑戦がその年にきたんです。それまでまったく縁もゆかりもないパキスタンという国で、俺のことを評価してくれる人がいるという思いは、あの時の俺の支えになった。喜んで、その年の一二月にパキスタンへ行ってペールワンの挑戦を受けたんですね。結果は、相手の腕を折って勝ったんだけど、アリという名前によってアントニオ猪木という名前が世界的に売れたということを実感しました。

**村松**　アリ戦は猪木さんにとって財産になったと思います。猪木さんは「アリと闘った男」という立場をうまく商売に使ってやっていったとも思う。「アリと闘った男」ということで展開する異種格闘技戦で、新日本プロレスのある時期のマイナスを消したり、あるいは借金を埋めることにもつながった。そういう意味では猪木さんは、その後あの試合からメリットを受けているところもあるんですよね。アリにとって猪木戦のメリットは、猪木さんとの線がつながったことしかない。アリ陣営ということで言えば、金銭以外にはまったくないでしょう。

アリは、猪木戦を契機に明らかに下降線に入ってしまった。あの後のアリの戦績を見ると、やらざるをえないようになっている試合が多かった印象があります。

アリは猪木戦後、一九七六年九月二八日、ケン・ノートンに判定勝ち。一九七七年五月一六日、アルフレド・エバンへリスタに判定勝ち。同年九月二九日、アーニー・シェーバースに判定勝ち。一九七八年二月一五日、レオン・スピンクスに判定で敗れＷＢＡ・ＷＢＣ統一世界王座から陥落する。同年九月一五日にＷＢＡ王座をかけたスピンクスとの再戦を判定で制したが、一九八〇年一〇月二日、ラリー・ホームズに一〇ラウンド棄権で敗れ、翌年の一九八一年一二月一一日、トレバー・バービックに一〇回判定で敗れて引退した。

**村松**　あのような出会いの仕方で、東洋の一介のプロレスラーとの意識の交流が、アリの戦歴の終わりのころにあったということは、その後の猪木さんとの点線でつながるような縁を考えると、意味がなくはなかったと思う。だけどこれは、プロボクシング界での価値観にも、アメリカの価値観にも、黒人の価値観にも当てはまらない、「二人にしか分からない」ことかもしれない。しかも、猪木戦はボクシングの歴史からは抹消されて、アリの戦績にカウントされていないんです。プロレス雑誌の特集の年譜でも、「特殊な試合」と付記されている。

こうなると、そこを書くのがオレだなっていうのがある。よくぞ、特殊な試合と言ったり、抹消したりしてくれていたと思う（笑）。そんな「消された試合」に「二人にしか分からない」何かがあった。それを何かで済ますわけにはいかないところが物を書くしんどさてね。あえて言えば、そんな物腰で僕は六ラウンドのあのシーンを『アリと猪木のものがたり』でクローズアップしたのかもしれない。

**猪木**　アリ戦は終わった後に反省する部分がいくつもありました。だけど、いまはあれはあれで良かったと思っています。村松さんは旧来のプロレスを「プロレス内プロレス」と表現したんですが、俺はプロレス界とは闘っていなかった。勝負する相手は、相撲であり野球であり、力道山の遺伝子を勝手に継いだと俺が思うなら、そういう他のジャンル以上のプロレス界でなくちゃいけないという意識が多分にありました。

猪木とアリは、試合から一年後の一九七七年六月一九日、アメリカのビバリーヒルズで開かれたアリとモデルのベロニカ・ボーシュとの結婚パーティで再会した。

**猪木**　ビバリーヒルズのウィルシャーホテルで、ベロニカとの結婚式で再会したんですが、その時アリの部屋をノックしたら、彼は冗談が好きでドアを開けた瞬間に「ウワーッ」って襲いかかってきてね。それでお互い抱き合って、「猪木、オレたちあれで良かったよな」って言ったんですね。そして「あんな怖いことはなかったよ」って言った。それまで、俺の中で彼があの試合にどういう意識を持ったか分からなかった。俺の方はそうじゃなかったんだけど、彼にとってはひとつの興行イベントにすぎなかったかもしれない。そんな思いを引きずっていた。

だけど、その時のアリの言葉を聞いて、「良かった」という言葉が胸に入ってきた。何が良かったのかと言うと、お互いに本当の真剣勝負で闘って、自分の範疇《はんちゅう》では見えない異質なもの、はみ出た部分を見ることができたことだと思う。俺はレスリングでは全部、手が読めるけど、そうでない世界との闘い。逆にアリもボクシングとはまったく異質な世界へ踏み込んだ。それが異種というもので、アリの言葉を聞いて「ああ、お互いに不安なところがあったんだな」ということがよく分かった。それで、人間として合わせ鏡のように、自分自身を見つめられる関係になった。そこからアリとの友情が生まれたんですね。

## 特権的な二人による「ファンタジー」

**村松**　この時の再会って千載一遇のチャンスですよね。「あれで良かった」ってアリが言ったのは、あの時、リングの中にいた二人にしか分からないことがあったからのことでしょう。アリも、自分の陣営に対してとか、アメリカでマスコミ相手なんかだと、そんなことはしゃべらないんだけど、まったく異物と感じたものが、そうじゃなかったという、ものすごいショックがあったと思う。そのことによる通じ合いっていうのは、その後の時間の中で、たとえば一緒に平壌に行くにしても、引退試合に来るにしても、ギャラの問題とか大変なことがあったとは思うけど、通じ合っていなければ来ないと思います。

ただ、アリがこの試合についてしゃべる直接の言葉って、ないんですよね。猪木さんが「アリがこう言った」という言葉はあるけれど。アリはこの試合について口を閉ざしてきた。それは秘密なんだと思う。だから、アリの戦績の中にも登録されていないわけです。

「世紀の凡戦」と酷評された猪木×アリ戦だったが、一九九〇年代後半から再評価の声が上がる。きっかけは、一九九三年にアメリカで始まった異種格闘技イベント「アルティメット・ファイティング・チャンピオンシップ(UFC)」だった。この大会の成功により総合格闘技が注目を集め、日本でも一九九七年にスタートした総合格闘技イベント「PRIDE」が人気を獲得し、格闘技に対する風向きが変わってくると、あの「猪木×アリ」は「茶番劇」ではなく「リアルファイト」だったという検証の声が高まった。試合当時、批判された、寝てばかりの猪木の攻めは、あれだけのルールに縛られた状態で「リアル」だからこそ編み出された唯一の攻めだという意見が起こるようになった。さらに当時、試合に関わった関係者の「リアルファイト」を裏づける様々な証言も、専門誌などに紹介され再評価に拍車をかけた。

**猪木**　あの時、リアルだとかどうだとか、まったく意識がなかった。俺にとってはそれが当然ですから。アリ側がどう解釈したか知らないけど、俺にとってはいつもと同じですよ。だから、リアルとか言われるのは、よく分かりません。あの試合は、最初は「どっちが強いか」という、売り言葉に買い言葉から始まって、ルール問題とか、俺がボクシングをさせられるかもしれないとか、いろいろありましたけど、とにかくアリをリングに上げれば絶対に勝てるという自信があった。ただし、結果と同様に評判も俺の思いとはまったく違うものになった。

　今になって評価されるのは、扉を開けるのが早すぎたということでしょう。そういう意味で自分なりに人生で勉強になったのは、評価されたいという思いは誰もが持っているんだけど、逆に評価されないことによって評価されるということもあるんだということですね。人生で大切なのは、「やることに意義あり」ということなんじゃないのかな。「評価されることに意義あり」っていうのも、それもそうかもしれないけれど、それ以前に「やることの意義」というものがあることを学びましたね。

**村松**　いま、あの試合をリアルファイトとかって評価されることを猪木さんが分からないと言うのは、そりゃそうでしょうね。あの試合は、誰もができるわけがないと思ったことが現実になってしまったんです。そういう意味では、あの試合はリアルでも何でもなくて、とびきりの「ファンタジー」なんです。リアルって言うけど、途中からお互いを認め合ったリング上の二人になって行く時間は、僕から言わせたらフィクションですもんね。二人の構造の中にフィクションが溶け込んで行く過程というのは、リアルファイトなんていうレベルの生易しいものじゃない。偶然のバッティングとか偶然のラッキーパンチなんかで決まっちゃ困るってお互いに思っていて、絶対に勝てるんだ、勝つんだと思うところ、その思い方自体がフィクションです。

だから、「茶番劇」「世紀の凡戦」って言っていた試合を、時を経て「リアルだから許す」みたいになってくるのが僕には解《げ》せない。リアルファイトというくくりによる再評価という言い方も、評価する時のステレオタイプみたいになっている。あの試合はあくまで逃げ水みたいなもので、猪木さんが先々に逃げていくから、表現する方は追いつかないし、捕まえきれないんですよね。

同時にUFC以降、総合格闘技が出てきて、格闘技のジャンル自体が認知されてきたから、当時の「猪木×アリ」も認知してあげようということにもなる。そういう評価の仕方も僕には分からない。アリと猪木という特別な人間同士が宿命的に闘った。しかもそれは成り立つはずもない試合が成り立ったんだという前提に立たないと、あの試合の不思議さは解読できないと思います。世間は、理解しがたいことが起きると何でも枠にはめたがる。そうしないと落ち着かないし不安になるからです。でも、枠にはめようとすると、世間に通っている現象にすぎなくなる。誰もが言う言い方になってしまう。ようやくマグマを納める額縁ができました、みたいな。でも猪木さんってそうじゃない。いつも「額縁なんかいらねえよ」という人なんですよ。

あの試合はファンタジーであり、アントニオ猪木とモハメド・アリという天賦《てんぷ》の才能を持った二人だけの特権的な世界なんです。いろんな人が自分流に咀嚼していいと思いますが、定説なんてありえない。その前提で自分の見方を言うことは通用するけれど、これが定説だという見方で提出すると全然、通用しない。そんな試合だと思います。

猪木×アリは、「リアル」を超えた「ファンタジー」と表現した村松だが、猪木との出会いもまた、幻想的だった。アリ戦から四年後の一九八〇年、村松友視は、デビュー作『私、プロレスの味方です』を上梓する。そこから、猪木と村松のものがたりが始まる。

# 第9章 『私、プロレスの味方です』から『アリと猪木のものがたり』へ

# 『私、プロレスの味方です』は三週間で書いた

**猪木**　村松さんの『私、プロレスの味方です』を読んだのは、北海道の室蘭へ巡業に行った時だったんです。

　試合が終わって次の巡業地へ移動するバスに乗ろうとした時にファンが「読んで下さい」って手渡してくれてね。表紙を見ると、何か漫画チックで、当時のプロレスの本っていうと、もう悪口ばっかりだから、「どうせ、また悪口だろ」と思いながら、一ページ読んで「オッ？」って思って、二ページ読んだら「オッ、オッ！」ってなって、三ページ目をめくったら「オォー！」と、アッという間に全部読んだんです。

　俺は、理屈はよく分からない。ただ必死でリングで闘っていて、そこには言葉はないけれど、その思いの部分をしっかり捉えてくれる人がいたって、そう思いました。

　そういう自分の気持ちを、この本を通じてファンに知ってもらいたいと思って、テレビ中継で五百冊を視聴者プレゼントしたんです。

**村松**　そうだ、リング下でアナウンサー時代の古舘さんのインタビュー受けたりしたんだ。恩を忘れちゃいけない。僕は、あの本を書いたことがきっかけになって会社を辞めて作家

になったわけだから、あれで人生が変わっちゃった。

あの本を書いた時にすごく意識したのは、古典芸能を七〇年やって人間国宝になる人はたくさんいるけど、屋台を七〇年引き続けて人間国宝になる人っていないわけですよね。世の中には、ジャンルとしてあらかじめ尊重されるジャンルと尊重されないジャンルの違いが漠然と、でも確実に決まっている。古典芸能やオリンピックの対岸にサーカスだとか屋台とか大衆演劇とかがあって、そういうマイナー性を帯びたジャンルの味方をする時の象徴として、プロレスを書こうと思ったんです。

ところが、プロレスの味方をしようとした時に、全部、面白いって言っちゃうと僕の中でその価値観の味方をしたことになれない。だから、アントニオ猪木にこれだけの輝きがあるんだよっていう形で、極端に傾注していくことによって、プロレスの価値と世間の偏見をあぶり出そうとした。プロレスは、世間から言うと理解しがたいジャンルだって言いながら、その価値を主張するために、アントニオ猪木にピントを合わせていくというのは、矛盾《むじゅん》と言えば矛盾なんですよ。世間から異端視されて、マイナーな見過ごされやすいジャンルをクローズアップしたいのなら、もちろん当時はブレイクしていませんでしたけど、邪道を標榜する大仁田厚《おおにたあつし》みたいな人を書けばいい。

だけど、それだと、プロレスじゃなくてB級ジャンルが素晴らしいって書くのと重なるような気がしたんですね。プロレスのトップに来そうなアントニオ猪木に照明をあてるというのも矛盾しているなとは思いました。でも、プロレスを語る時って、どうしても矛盾したものがはらまれてしまう。

そのころ、仲のいい知人なんかと集まると飲みながらプロレスの話をよくしていたんです。その中に当時、新進気鋭のコピーライターだった糸井重里もいました。そのうち、中国文学者の草森紳一さんから「プロレスについて書いてみない?」って言われて、「ジャイアント馬場は時代劇の八卦見《はつけみ》みたいな総髪に羽織袴の出で立ちで登場すべきだ」とか「プロレスが八百長かどうかという議論はバカバカしく、面白おかしく見ればいい」なんてことを原稿用紙三〇枚ぐらいに、それこそ面白おかしく書いたら、それが「話の特集」の編集長の矢崎泰久さんの手に渡ったんです。だけど矢崎さんはあまり興味をひかれなかったようで、「まだ読んでないけど」と言って草森さんに原稿が戻った。で、僕は糸井重里にプロレスについて書いたことを話したんです。

そうしたら糸井重里が、情報センター出版局で彼を担当している編集者に僕が書いた原稿のことを話してくれたんです。プロレスなら村松さんの方が面白いんじゃないかって推薦してくれて、アルバイトの仕事を回してくれるような形で僕のところに書き下ろしの話が飛び込んだ。だから、あの本ができたのは糸井重里のお墨付きあってのことです。

書き始めると、書きたいことが沸々《ふつふつ》とあるわけだから、休みの土曜、日曜はもちろん、会社に行っている時も書いて、三週間かからないうちに一冊書き上げました。僕としては結構うがったことを書いたつもりなんだけど、その本がプロレスファンからは、「あ、自分と同じ意見を持っている人がいたんだ」ってかたちで共鳴されたんですね。

僕としては、一生懸命に言葉を絞り出したはずなのに、そんなことは初めからファンはみんな感じているのだとしたらヤバイと思ったんだけど、そういう風に感じられるというのも、あの本の力だったと思う。

僕は、本を書くときに結論があってそれを文字化するっていうのはやったことがない。物を書くっていうのは神秘的なところがあって、ただしゃべるために言葉を言っているのとは違うんですね。書きながら考えていくと、「あれ？　こんなことを考えていたんだ」と、書き終わった途端に自分も気づかされることがあって、自分でも想像できない地点に行けたりもするんですよね。それは、何かが降りてくるという神秘性のレベルじゃなくて、書きながら物を考え、そこで初めて紡《つむ》ぎ出される何かというものがあるんだなって思います。

だから、あの本は事実を書いてもいるんだけど、結局、僕の考えるプロレスであって、ということは一人の人間の中のプロレスなんですね。『アリと猪木のものがたり』も僕の頭の中のアリ×猪木戦であって、これも事実を書いているんだけど、一種のフィクションでもあるんですね。僕は読者に簡単に共感されるとは思わなかったけれど、こういうアングルもあるんじゃないかというヒントにはなると思っていた。その本の力が、そのアングルを読者に深く浸透せしめた面があるんですね。『私、プロレスの味方です』は、プロレスの見方についての本ではあるんだけど、物の見方についての本でもある……つまり〝味方〟のうしろに〝見方〟を隠し込んだつもりでもあったわけなんです。

## 書きながら「猪木の価値」を発見

「物の見方」を考える哲学書的な側面があった『私、プロレスの味方です』は、例えば、「市民権」と「プロレス」をこう対比して表現している。

《プロレスとは、プロレスとしか呼びようのない、いわばジャンルの鬼っ子なのであり、そして、このジャンルの鬼っ子たるプロレスは、ジャンルの中での市民権を獲得しないまま今日に至っているというのが、ま、私の認識である。そしてその市

民権を獲得せず、鬼っ子であり続けているというところに、プロレスの魅力と凄みがあるのだ、と私は思っている》

**村松**　「市民権」という言葉だけが一人歩きして、僕の主張が、プロレスが市民権を獲得することを目指す、その価値を世間に認めさせる、みたいに捉えられた側面があった。そういうふうに取られたことが、あの本が売れた一因でもあるんですけど、あそこで書いているように、僕は「市民権」を目指すつもりはまったくなかった。世の中に「市民権」を得たものはいっぱいある。だから、市民権を目指すなんて言ったら、そういうものと同等になるだけなんですよね。

プロレスは、市民権を得たというところで喜んでいるようなレベルの価値観じゃない。もっと素晴らしい毒の花だと僕は言いたかったんです。市民権を「認めさせる」っていうことになると、それは「認めてもらう」のと近くなる。でも、そうではなくて、僕の考えるプロレスは、「市民権」を与えない世間の感覚を暴き出すという筋道なんです。これは、市民権を得るっていうのと、まったく違うベクトルですよね。

「市民権」以外にも、『私、プロレスの味方です』は、「ジャンルに貴賤なし」、「プロレス内プロレス」、「ルールとはあらかじめ定められた八百長である」、「プロレスとはプロセスである」「人間の凄みを格闘技によって見せるのがプロレスだ」など、様々な見方と考え方を独特の言葉で示したが、中でもこの本がきっかけとなって、アントニオ猪木のプロレスの代名詞となった言葉が「過激」だった。ジャイアント馬場の「プロレス内プロレス」に対し、猪木の闘いを既成のプロレスの「暗黙の了解を超える瞬間のある」プロレスと定義し、その姿勢を「過激なプロレス」と表現したのである。

以後、「過激なプロレス」は毎週金曜夜八時の新日本プロレスのテレビ中継で古舘伊知郎アナウンサーが連呼した。「燃える闘魂」に続く猪木の看板となったこの言葉は、猪木に新しい価値観を与えた。

**村松**　「過激」はね、その言葉に対する思い入れが先にあって、それに猪木さんがフィットするって思ったんですよね。「過激」というのは、ある時代は学生運動の過激派に象徴されるように、度を超えた脱社会通念的無頼の行為を意味したわけだけど、これを書いていた一九八〇年という時点では、揶揄するようなダーティーな匂いが絡みついていて、当時は明らかに悪口だったんです。プロレスに味方する姿勢と「過激」なんて、およそ結びつく言葉じゃなかったんだけれど、それを引っ繰り返して褒《ほ》め言葉に使うのは、逆にプロレスらしいなと思ったんですね。

世の中から「所詮、プロレスだ」って見られているジャンルの中で、驚くべきことをやる。ろくでもないものだと見られているという前提で、「どうだ」っていう感じを、「過激なプロレス」と表現した。そんな、「過激」という言葉が持つダーティーな匂いがフィットして、そのダーティーな匂いをまとったまま、世の中の人に過激な魅力の波紋《はもん》を広げ得るのは誰かと言ったら、アントニオ猪木しかいないって確信したわけです。

ジャズピアニストの山下洋輔さんが『私、プロレスの味方です』の「プロレス」を「ジャズ」に置き換えると、全部それで解読できるって言ってくれたんですね。「ジャズ内ジャズ」と「過激なジャズ」とか、「ジャズはプロセスである」というふうに。

世の中にはあるんです。過激であるか、常識内であるか、ということが。当時の唐十郎の「状況劇場」を思いかさねれば「演劇内演劇」と「過激な演劇」、三代目市川猿之助さんの宙乗りや〃ケレン〃に取り組んだイメージと重ねれば「歌舞伎内歌舞伎」と「過激な歌舞伎」。「サラリーマン内サラリーマン」と「過激なサラリーマン」……。そんなふうに読み替えられることも、この本の広がりだったと思います。

もちろん、猪木さんにはそんな意識は全然ない。猪木さんに「過激」っていう言葉を重ねたのは僕の勝手な思いでね。僕にとって猪木さんは、そういういろんな言葉を紡ぎ出させてくれる存在ですね。

**猪木**　「過激なプロレス」という言葉を読んだ時、「あっ、そうなんだ。そういう見方があるんだ」って気づかされました。逆に言えば、あの本は俺にとって教科書っていうんですかね。生きている自分を書いてもらったんですが、それを逆に教科書にしたところがありました。

**村松**　猪木さんがこの本を読んだ時、新日本のスタッフに「こういう本があるってなんで宣伝しないんだ。自分のプロレスをこんなに分かってもらっている本はない」と叱ったって聞いたことがあります。多分、猪木さんの中で「こういう形でアントニオ猪木の世界が見られているんだな」って確認したんだと思います。

馬場さんにかぶせた「プロレス内プロレス」っていう言葉は、猪木さんの対岸にあるプロレスを表現する言葉を思い巡らしているうち、その中から生まれてきたんです。「プロレス内プロレス」というのは羊羹《ようかん》を半分に切っていくと、永久に半分残っていくみたいな謎めいたイメージですね。

僕は、あの本を書いて、アントニオ猪木の価値を発見したんです。それまでの自分は、割とよくいる隠微に楽しむプロレスファンだった。力道山以来のプロレスが好きで、「猪木なら何とかしてくれる」って思っているような、割と素朴なファンだった。だから、この本を書かなければ、アントニオ猪木への価値が僕の中に定着することはなかったと思います。

## なぜアリ戦を評価できなかったか

**猪木**　リングでの闘いという部分で大事なことは、誰かが自分を見ているということです。他にもいろんな作家さんはいましたが、村松友視という作家の視点で俺をどう見ているんだろうという意識は特別なものだった。一般ファン、猪木ファンとはまた別の、あれだけいろんな人とつき合いをしてきて、物の見方を鍛えてきた人の切り込み方というか、「この人だったらどう見るのだろうか？」というね。これは人生の合わせ鏡的な部分で、自分自身を見つめ直す重要な視点なんです。

**村松**　猪木さんがIWGPの決勝戦でハルク・ホーガンに負けた舌出し失神の時、新日本の人に、「猪木は村松さん向けに試合してたからね」って舌打ちされたことがあった。あれは、世界統一を掲げたIWGPで自分が優勝して何が面白いんだと、当たり前のような展開を猪木さんが裏切った試合なわけでしょう。だけど、それで一番困るのは周りのスタッフだった。勝っていて成り立つはずの「アントニオ猪木」の神秘性が、負ければなくなってしまうという感覚からは、そこでショックを受けるのは当たり前だと思う。猪木さんが試みたのは、暴露なんていうのよりも遥かに先のプランだった。だから誰もついてこれなかった。
じつはそれは、アリ戦の時の僕がそうだったんです。
僕の中にも、プロレスに対する差別感があったと言うしかない。アリは黒人の中に白人的価値観が刷り込まれていることを暴き出したわけだけど、プロレスファンである自分の中に、どこか世間的価値観が刷り込まれていたということです。そのことと、『私、プロレスの味方です』を書いた時に、この試合についてクッキリとした評価ができなかったことは、もしかしたら通じているかもしれない。

村松が「クッキリとした評価ができなかった」と明かした、『私、プロレスの味方です』での猪木×アリ戦論は、以下の文章である。村松ならではの見方が充分に示されている気もするが、『アリと猪木のものがたり』でアリ戦についての認識は遥かに深められたことは確かだろう。

《あの「猪木対アリ戦」を思い浮かべてみよう。厳密なルールによって、プロレスラーたる猪木は寝っ転がっての蹴り以外に攻撃の方法がないように、ガンジガラメの状態で闘ったということは、ほとんどのプロレス・ファンは知っている。知っているのだけれど、いまだに何か胸につかえるシリコンのようなものが残っているはずだ。それは、引き分けという勝敗の結果に対するだけのものではあるまい。何か不満なのだ。

あのあと、アリが足に故障をきたして入院し、次の試合にもその影響があった、というニュースにはやや顔のほころぶ気分は生じるものの、やはりまだ物足りなさは残っている。

「あのとき、反則でも何でもいいからアリをメチャクチャにのばしちゃえばよかったんだ！」

こういう声が耳の奥のどこかで鳴り続けている猪木ファンは多いだろう。これは、半分正しい感情だ。あの試合への不満の最大のものは、プロレスラーの「凄み」を世間一般に見せつけられなかった点だろう。猪木がもし反則でも何でもいいからアリを失神させたとしたら、敗れてもプロレスラーの凄みは満天下に轟きわたっていたはずだ。実は私もこのほうがよかったと思っている者の一人だ。

〝正々堂々〟という立場から猪木はそれをしなかった。しかし、さげすまれ、うとんじられてきた歴史を背負うプロレスラーは、最終的にはこの〝正々堂々〟という神話をも打ち砕く義務があったのではなかろうか。

〝正当性〟は立場が与えてくれる。囲みを破って大奥までたどりついた忍者には、最後に将軍家の宝玉を奪うという泥棒行為が許されるのではなかろうか。たどりつくまでに斬り殺される忍者、大奥へ忍び入るなど思いもよらない脆弱な忍者は論外だ。

たどりついた忍者に〝正当性〟を与えるのは彼を大奥へさし向けた命令の主、猪木に〝正当性〟を与えるのはプロレスというジャンルだ。猪木が反則行為でアリを失神させたとしたら、プロレスの立場は明らかに正しい勝ち方なのである。

だが、猪木はそれをしなかった。たぶん、猪木には、反則行為でアリをKOすることを〝正しい〟としてくれる立場の存在が心細かったのだろう。これもわかるような気はする。「やはりプロレスはどうしようもない、ジャンルとして成立しない、胡散くさいものである」という世間の声も猪木の耳に響いたことだろう。だから、猪木は正々堂々と寝っ転がって闘って、引き分けた、そして多くのプロレス・ファンに不満を残した。

「闘った者同士はよくわかっている」

という猪木のロマンは、半分はわかるけれど半分はわからない。なぜなら、私は見る者であるからだ。ここははっきりしておく必要がある。ここがもっともだいじなのだ。

ちゃんと見る者は、ちゃんと闘う者とは完全に互角である。思想的にも感覚的にも「プロレスを見る」というのは「過激な行為」なのだ。プロレスという世間的に脆弱なジャンルの中で過激に闘う者、そのプロレスを過激に見る観客、この過激な二者の合体こそが「プロレス」という世界なのだ。

あの試合への不満は、プロレスにとって引分けが五分五分ということを意味しないからでもある。勝敗も五分五分、強弱ははっきりと見えないとあっては、この試合における引分けは零点と同じである。零点、つまり、やらなくても同じこと、ということなのだ。

そしてさらに不愉快なことに、ボクシング・ファンにとっては、この試合の引分けは、ちゃんとした五分五分であるということだ。彼らには「アリはプロレスラーには負けなかった」と安心顔をつくってくずさない。

〝ヤラセ〟や〝八百長〟という噂が飛んでも傷つくのはプロレス・ファンのみである。「やってもやらなくても同じ」が、そのうち「やらないほうがよかった」になる。

ってしまう。すぐこういうふうに考えてしまう弱さがプロレス・ファンには度しがたく宿っている。だから、猪木が〝正々堂々〟と闘わざるを得ないということも、逆に導き出されてしまうのである。

勝者＝強者という図式ができあがり、その強者に「凄み」が加わる形で猪木は闘いたかっただろう。だが、そういう〝正々堂々〟たるルールが確立する前に、試合開始のゴングが鳴ってしまったのである。だから猪木は〝正々堂々〟としないルールの中で〝正々堂々〟と闘わざるを得なかった。このあたりが事の真相のような気がするのだ》

## 対立軸よりも共通項が見えてくる

**村松**　当時は、あの試合では何も解決しないという違和感があった。だから、アントニオ猪木の味方をしようとすると、こういう書き方しかできなかったんです。この試合は猪木さんにとって、なんでこんなつまらなくなっちゃったかっていう時に、猪木は「正々堂々」を実行しようとしたと言う以外に猪木さんを救う言葉が見つからなかった。「猪木を救いたい。救って何かを埋めたい」という気持ちがあって、それがうしろめたいジャンルから世間に対しての「正々堂々」というレベルの言葉だったんでしょうね。

ところが、それから四〇年ちかく猪木さんとつき合ってくると、アントニオ猪木の価値観が僕の中で違ってきている。単にプロレスのヒーローとしてじゃなくて、長年刻まれてきた価値観が積み重なって、別の猪木像が見えるようになってきたわけです。包容力というのか、人の悪口は言わず、何でも受け入れる。世間からは、野心家でいろんなことを企む人というイメージがあると思うんだけど、じつはものすごく自然体で、猪木さんにはいつも「なるようになるさ」という姿勢がある。

猪木さんの「バカになれ」という言葉があるんだけど、あれは「人間、バカになんなきゃダメだ。バカになるっていうことは頭から余計な考えを消して、何かに本気で向き合うこと」という意味だと思う。僕は「村松さん、バカになりましょうよ」って何回言われたか分からない。だけど、なれないんですよ。猪木さんみたいにバカになれない。あのレベルの「バカ」は好きなんですけどね(笑)。

**猪木**　「バカになれ」って、なかなか難しいですよね。今は時代が裕福過ぎて、自分の目の前で起きていること、それに自分の身に降りかかっていることすら、すべて他人事《ひとごと》みたいに捉える風潮がある。そうじゃなくて、起こったことに対して自分が思っていることを全部さらけ出すんですよ。バカになるってさらけ出すことなんです。それは、他人からすれば理解できないことかもしれない。だけど、さらけ出すからこそ見えてくるものがあるんですね。

**村松**　いやもう、特権的な存在の姿勢ですよ。猪木さんの「バカになれ」は（笑）。四〇年という猪木さんとの時間を重ねて、「バカになれ」という考えについてなども聞いた上で、「猪木×アリ戦」を振り返ってみると、まったく違ったものが見えてきました。それに、アリと猪木が闘ったあの時は、猪木とは何かという問いだけで、アリとは何かはろくに考えず、二人を重ね合わせた上であの試合を見ることをしてなかった。四〇年を経て、アリの死をきっかけに見直すと、「正々堂々」なんかよりもっとでかいことがあの四五分間には入っていたと思ったんです。当時の「猪木とアリ」の関係、猪木さんのその後の生き方、さらにはアリ戦までの猪木さんの試合がそこにつながってきて、二人のものがたりが説得力を持ってくる。

猪木とアリは、奇跡の邂逅なんだけど、実は宿命的な出会いだったんじゃないか。だんだん書いているうちにそういうふうに変わっていきました。要するに対立軸を設定して書いていったんだけど、共通項の方が見えてきて、そういう相手同士があのリングの中にいたんだっていう新たな感動がありました。

そこから、この試合の持続性が生まれ、後の北朝鮮での猪木さんとアリの再会にもつながっていった。だけど、それがなんで試合から四〇年以上を経て見えてきたのかっていうのが不思議なんですよ。あの時の自分は見る目がなかったのかとも思っちゃうんです。

**猪木**　今になって、村松さんをはじめ、いろんな人がアリ戦を評価してくれて、ありがたいことなんですが、俺の中ではとうに終わっている話なのに、なんで時間が経って今ごろ評価されるのか、分からないんですね。まぁ歴史というのは、坂本竜馬にしたって司馬遼太郎が書いたからあれだけの人物と見なされているという部分はありますよね。そういう意味で俺にとっては、「なんで今？」っていう不思議もあるんです。

ボクシングだったら、ファイティング原田だとか、海老原博幸だとか、すごい試合をやった選手がいると思いますが、ボクシングファンで、今その試合を語っている人はあまりいない。そこまで熱く語っている人は。

俺とアリの試合は、なんでなんだろう？　ありがたい反面、それが本音のところで、俺にとっては、ただその場その場で一生懸命必死でやってきただけなんですよ。

**村松**　今となって猪木×アリ戦を洗い直したことは、猪木さんは「歴史」と言ったけど、確かに、結果が分かっているあの試合を語ることって、幕末のことを語るみたいなものですよね。ただ、時間が蓄えたものとともに見ることで、当時は分からなかった構造を見ることができる。猪木さんが、自分の中でのアリ戦の受け止め方と、人の評価のズレ方に

「なんでだろう」と疑問を持っているのは分かる。

僕はいろんなことについて書いてきたんだけど、今度の『アリと猪木のものがたり』で猪木とアリを見るような見方、これは僕流と言っていいんじゃないかなと思う。これは普通の作品を書いている時と違う手応えがあるんです。猪木さんの試合を見ていなかったら、『私、プロレスの味方です』は書かなかったでしょう。ということは会社を辞めていないと思うんです。あの本を書いたことによって、僕は作家になった。まあ、作家と言っても、猪木さんからすると、なんでそんな地味な仕事をしているんですか、っていう感じだと思うんです。アメリカかなんかで、ベストセラーになるようなものを書けばいいじゃないですか、と（笑）。猪木さんがどう思おうと、僕が作家であることの原点にはアントニオ猪木の試合があった。

そういう意味で、今回の本は、猪木とアリをずっと見続けてきている僕の物語でもあるんです。

一九七六年六月二六日、絶対に出会うはずもなかったボクシング統一世界ヘビー級チャンピオンのモハメド・アリと極東のプロレスラーであるアントニオ猪木が交わった。そして一九八〇年、二人を見続けた一介のプロレスファンだった村松友視が、一冊の本をきっかけに、そこに接近した。一九九五年、三人が運命的に会する時が来る。場所は朝鮮民主主義人民共和国だった。

# 第10章
# 北朝鮮のアリと猪木と村松友視

## 「アリはアリを演じている」

北朝鮮の首都平壌で朝鮮アジア太平洋平和委員会と新日本プロレスが共催し「平和のための平壌国際スポーツ文化祭典」が一九九五年四月二八、二九の両日にわたって開催された。イベントを企画したのは、アントニオ猪木だった。

**猪木**　北朝鮮には力道山の思いを届けていく。すべては、そこが原点。師匠が生まれた国でプロレスを見せることで、ひとつの感謝、恩返しにつながるんじゃないかと思ったんですね。

前年の一九九四年に猪木は初めて北朝鮮を訪問し、イベント開催を打診した。交渉の末、合意に至った。大会は、新日本とアメリカのプロレス団体「ＷＣＷ」に協力を仰ぎ、参加選手が決定した。猪木は、リック・フレアーと二日目のメインイベントで対戦することになった。そして、このイベントの〝立会人〟としてモハメド・アリが参加した。

**猪木**　この時に北朝鮮から「世界的なアーティストを呼んで欲しい」という依頼があって、最初はマイケル・ジャクソンっていう話がありました。だけど、彼を呼ぶのに「いくらかかるのか」って問題が出た時に、「アリはどうだろう」と浮かんだんです。それで北朝鮮に、モハメド・アリの名前を伝えると「アリならぜひ、お願いします」と返事が来て、アリを呼ぶことになったんです。

あの時アリは、北朝鮮へ行くことをアメリカ政府から反対されて、ビザが発給されなかった。とりあえず、日本まで来てくれって伝えて、その出発ギリギリになって許可が出たんです。アリはパーキンソン病を発症していたので、成田空港に着いた時は、バスのステップを自力で一段ずつ昇るのもやっとの状態でしたね。このころのアリは、病気もあって一切、マスコミには出ていなかった。

ところが、北朝鮮に着いて無防備な中でマスコミの目にさらされて、カメラのフラッシュを浴びると、翌日、バスのステップを一気に上がったんですね。フラッシュを浴びて甦ったというか。その時、感じたのは、アリはアリで引退後の自分を見せたい思いがあったんだろうなということでした。

猪木とアリが再会した北朝鮮には、村松友視も同行した。村松が猪木と行動を共にしたのは一九八四年のパキスタン遠征に次いで二度目のことだった。平壌への行程は、東京駅で集合して新幹線を名古屋で降り、名古屋空港から特別に手配された直行便で向かうことになっていた。村松がアリと出会ったのは東京駅だった。

**村松**　東京駅の構内を歩いていると、後ろから追い抜くというよりも何かすり抜けていくっていう、一種、心地がいいプレッシャーというか、存在感にすーっとこう脇へ押し寄せられるような感じがしました。厳かに通り過ぎていった風。それがアリだった。すり抜けていった時に、「ああ、アリか」って気づいてね。あの厳かな風は、それまで僕が持っていたアリのイメージと近い感じだった。

アリと猪木と村松を乗せた航空機が平壌に到着した。村松は、初めて足を踏み入れた北朝鮮の印象が忘れられない。

**村松**　膜に覆われたような不気味さがありました。常に遠雷が聞こえているような恐怖感の中で、目の前に見える現実が虚構をつくっていた。案内してくれる人も、町を歩いている人も、すべて作られているようなイメージで、本当の北朝鮮の市民を見ている感じはしなかった。
そんな中でアリは、アメリカのプロレスラーとじゃれあったりして、自分なりのけっこう楽しい時間を過ごしているように見えました。現役のアリでもないわけだし、パーキンソン病で大変なんだけれど、「アリはアリを演じているんだな」と僕は思っていた。アメリカのレスラーたちにとって、アリはまさに生きた英雄でね。ホーク・ウォリアーなんて、アリの前でガキみたいにはしゃいでいた。あのホークのはしゃぎっぷりは印象的だったな。

北朝鮮で初めて開催されたプロレスイベントは、会場の平壌・綾羅島メーデースタジアムに、初日が一五万人、二日目に一九万人を動員し、異様な熱気に包まれた。

**村松**　試合当日に観客が演じるマスゲームを初めて見たんだけど、全体主義の中でそれぞれの場面に反応する、個人というものが消されているのを見たような気がしました。その全体で色彩を作り上げるマスゲームには、感服せざるをえない協調性があった。一瞬、猪木さんは涙したと言うんだけれど、そこに飲み込まれてはいなかったと思う。アリがどういう表情で見ていたかは、覚えていないんです。

**猪木**　アリと北朝鮮で再会した時は、自分と闘った相手がパーキンソン病という健康な状態じゃない姿を見て、人間として複雑な感情がありました。俺とアリは確かに闘ったけど、こういう表現はどうかと思いますが、今日は俺は元気だけど、彼はそういう状況なのか……という、生きる上で何を基準にして、勝った負けたを言うかは難しい。そうなんだけど、俺とアリで言えば、俺はアリと闘い、そのおかげで世界中に名前が売れて、それを利用した部分があった。彼も俺を利用したところもあった。それは、俺にとってもよかった。

そういうお互いが置かれた状況の中で、北朝鮮でアリを見た時、言い方は難しいんだけど、俺の中にちょっとした優越感というか、そんな気持ちがあったんです。

## アリの例外的な存在感

**村松**　優越感……どういう意味に取ればいいんだろうね。今だからそう思えるのか。俺は元気でアリは病気というのでは、あまりにも当然の優越感みたいな感じがして、猪木さんらしくない。そう感じるのは自然だけれど……。ただ、それを今、言葉に出して言えるというのがすごいとは思う。

僕は、パーキンソン病で体が震えてしまうアリを見た時に、まるで音楽に合わせて歩いているように見せている姿がすごいなと思った。猪木さんはそこまで踏み込まないで、単刀直入に不憫《ふびん》な姿と見たわけでしょう。その見方、思い出し方ができるのが猪木さんの幅の広さなんだけど、逆に言うと、僕はあの状態でもオーラを放つアリの例外的な存在感を目撃した証人ということにもなる。恐らくアリ自身もそういう効果は自覚していたんじゃないかな。病気になっても自分はそこにいるだけで役を果たせるんだと。だとしたら、その自覚は凄いことですよ。

北朝鮮に行くまでに、ギャラとか、アメリカ政府とのせめぎ合いとか、いろいろあったんだろうけれど、とにかく遠路平壌までやって来た。そこで、ちゃんと自分の役をこなしている。例えば、最初にプランに上がったマイケル・ジャクソンを呼んだら、アーティストとしての存在感を示したと思う。でも、アリは何もしなくてもアリだった。アリの神話はスタジアムにいるだけで生きていた。猪木さんがアリを見たときの優越感は分かりますけど、一方、アリは「この場にとって、オレの存在が必要なんだ」ということを、プライドとして堅持していたと思う。

**猪木**　アリは、あの北朝鮮で姿を見せたことで、一九九六年のアトランタ五輪の開会式での聖火の最終点火者に選ばれたと思うんです。なぜなら、それまでアリはまったく表には出ていない。北朝鮮で久々に世界へ向けて自分の姿を見せて、それをアトランタ五輪の関係者が見て、聖火の点火者はモハメド・アリだと考えたに違いない。だから、あの北朝鮮がなければアトランタのアリはないんです。

**村松**　北朝鮮があったからアトランタがあったっていうのは、そうなのかもしれない。アリが音楽に合わせて動いているように見せたと言いましたが、それは今のアリを世界中に見せる、最高のパフォーマンスだった。東京駅ですでにそれを自己演出していると思いました。世間では病気で大変だろうな、と思われている時に、自分を目立たせて見せるという冷徹なアリの自己認識だった。

猪木は、このイベントをきっかけに、民間人、参議院議員と立場を変えながら北朝鮮との交流を続け、二〇一八年九月に三三回目の訪朝を果たした。核実験、ミサイル発射で北朝鮮の脅威が高まり、政府が国民へ渡航自粛要請をしている最中《さなか》の訪朝は批判を浴びた。

**猪木**　これまでもソ連が崩壊した直後のロシアを訪問して、初めてのロシア人プロレスラーを招聘したり、イラクの人質解放、キューバのカストロさんとの会見もそうなんですけど、日本の外交が踏み込めない部分に踏み込んでいくのが俺の姿勢なんですね。これは計算がないわけではないんだけど、計算以上に直感力で判断しているところが大きいんです。外交は、相手があって、向こうがどう見ているかを判断することが大切なんですね。プロレスは、リングの上で自分よがりで勝手なことだけをやって相手にパンチを入れたって仕方がない。目の前で闘っている相手のほかに、客という見えない部分を背中で感じ取りながら技を出したり、受けてきた。外交もまさにそれで、自分の言い分だけを向こうに言ってもまとまらない。基本は緊張した時にどこの扉を開けるかというか、そういう扉を残しておくことだと思います。日常生活もそうですけど、振り上げた拳をどう下げるか。「外交に勝利なし」と俺はよく言うんですが、半歩ずつ下がることも大事で、両方に国民がいますから、大切なのは、扉をノックして、まずは話し合うことだと思っています。

**村松**　批判されても北朝鮮へ行く、なぜかそういう筋道の人なんですよね。けた違いの不思議な領域で動く。アリ戦の時もそうだったんじゃないかと思う。交流を断ち切るのは良くないことだという観点の下に、何十回と北朝鮮に行くわけでしょう。あそこはもう交渉相手じゃないんだから猪木さんやめてくださいって政府から出国を止められてるのに、行く。メッセージのひとつは力道山の故郷だというのがあったけれど、でもやはり直感じゃないかな。誰もできるわけがないと思ったアリ戦に食らいついたのと、誰も相手にしない国だからっていう理由で北朝鮮へこれだけ何回も行くようになるような精神というのは、やはり分析してのことではなくて、直感なんだと思います。

そこに力道山の故郷だという思いを絡めて、これだけの時間を費やしてきているということは、普通の政治家には一切分からない感性でしょう。そこには、自分を大事にするという猪木イズムがある。猪木さんは、自分を大事にすることで、北朝鮮との交流を続けているのではないでしょうか。世間は、それを「自分の利益のため」と取るんだろうけど、「自分のため」と「自分の利益のため」というのは違う。

政治家同士の駆け引きで外交をやっているんじゃなくて、例えばカストロのような大物の中にある素朴性に対抗できる素朴性を猪木さんは持っているから、相手が警戒心を解くところがある。そこで何か接点が生まれてくるんじゃないかな。

## 北朝鮮外交の意味は百年後に出る

猪木の三二回目の訪朝を経て二〇一八年に入り、北朝鮮情勢は激変した。四月二七日に板門店で最高指導者の金正恩《キム・ジョンウン》・朝鮮労働党委員長と韓国の文在寅《ムン・ジェイン》大統領の南北首脳会談が実現した。そして、六月一二日、シンガポールのセントーサ島でアメリカのトランプ大統領と金正恩委員長の史上初の米朝首脳会談が実現した。

**村松**　北朝鮮の情勢がこういうふうになってくると、遡って猪木さんがなんで北朝鮮へ行ったのかということを考える時もあるんだけど、猪木さんはそのことについては冷徹に見た方がいいと思います。政治というのは全部権力側が自分の手柄にしていくわけだから、「そう言えば猪木が北朝鮮外交を続けていた」と、振り返って評価してくれるわけがないんです。人の差別感はなくならない。プロレスラーだった猪木が何をやっても、プロレスのリングみたいに政治を考えても実現性なんかないと見られる場合が多いと思います。

だから、猪木さんは世間の流れに取り合っていかない方がいい。超越した方がいい。鬱屈すると世間と同化しちゃう。あれだけ酷評されたアリ戦への見方が変わったように時間がまた解決するんじゃないでしょうか。三二回、北朝鮮に行った意味って、猪木×アリを超えて百年ぐらいかかって結論が出るかもしれない。北朝鮮に行ってきた意味を世間が理解する場面が来たら、動けばいいし、考えればいい。今、どうすればいいかと考えることはない。ま、「どーってことねえですよ」と猪木さんは言うんだろうけれど。

だけど、トランプと金正恩がシンガポールで会うというのは、アリとフォアマンが闘ったキンシャサの奇跡であり、猪木×アリのようだった。会談した場所がシンガポールというのは、あれをやるために資産家が金を出したりして、内情とは別に世界中が盛り上がるイベントということで、ザイールの大統領だったモブツがキンシャサでアリとフォアマンの一戦をやったことと重なってくる。

トランプは、いわば「ホラ吹きクレイ」のモハメド・アリなんだよね。あんなヤツの言うことが実現するわけないって、ホラばかり吹いていると言われていた。去年の今頃はあの二人が会談するなんて、誰も信じていなかったわけです。

金正恩は、アントニオ猪木なんだよね。極東の果てにいるヤツが、アメリカという超大国に向かって核兵器をぶちこむとかアピールしていた。最初はまったく相手にされなかったんだけど、そこを振り向かせた。その手法を容認してはいけないんだけれど、巨大な相手を振り向かせるというのは猪木流だと思いました。

アリが受けるわけない、トランプが振り向くわけないっていうのがあって、実際に成立しても実現するまで、どっかで消えてなくなるだろうって、信じてなんかいなかった。そして、行われたんだけど、今度は何も解決しなかった。一五ラウンド闘ったけど、その時は何も見いだせなかった「猪木×アリ」のように、世界中が分かりにくい未消化な時間が続いている。僕の中で、トランプと金正恩の会談は、猪木×アリ、アリ×フォアマンがごっちゃになっているようなイメージなんです。そして、それを見る世間の目は、時を経ても変わらないということも改めて分かりました。

終章

# アントニオ猪木という未確認飛行物体

# 矛盾こそがアントニオ猪木

アントニオ猪木は、一九九八年四月四日、東京ドームに七万人の観衆を集めて引退試合を行った。最後の相手となったドン・フライに、グラウンド・コブラツイストでギブアップを奪って勝ち、三八年間のプロレス人生に幕を下ろした。白いガウンに身を包んで迎えた引退セレモニーには、友人としてモハメド・アリが駆けつけた。

**猪木**　アリを招いたのは、やはり、興行ですから、そこは華を添えて欲しいという意味がありました。あの時は、アトランタ五輪の後で、アリの価値が見直された時だったんです。あのスーパーヒーローが、パーキンソン病に冒されながら、聖火台に火をつけた。アリを見る目が変わっていた。人の見方って面白いもので、もしアリが階段を元気に一気に駆け上がったら、どうだったのか？　そんなことを考えました。

俺の引退試合の時、アリと一緒の車に乗ってホテルに移動していたんですが、彼が突然、目をつぶってまるで試合をやっているように動き始めた。アリと親しいカメラマンが、「アリは今、昔の自分が甦って、昔に戻って闘っているんだ」って。どこまで本気でどこまで冗談か分からないんだけど、アリの中に生き続けているものを感じましたね。

**村松**　車の中のアリの話を聞くと、役者として猪木さんよりちょっと上なのかなって感じがしますね。猪木さんは引退試合にアリを呼んで、もしかすると自分のたなごころの上で動かしたと思ったところがあったかもしれないけれど、アリはそう簡単に小さくはならない。アリはあくまで、自分の中に生き続けるアリを見続けていたのでしょう。アトランタ五輪のときの聖火を支えるアリの激しい腕のふるえも謎めいていましたからね。全盛期のアリと病身のアリの二人羽織みたいに見えた、神秘的なシーンでした。

セレモニーが終わると、バックスクリーンに古代ローマのコロッセウムが映し出され、そこへ向かって長い花道を猪木は歩いた。ステージまでたどり着き、振り向くと満面の笑みを浮かべていた。その笑顔が、プロレスラー・アントニオ猪木の最後に見せた顔だった。

**猪木**　あの笑顔は、ひとつの達成感です。力道山からプロレスを教わったけど、実際に「お前こうだよ」ってコーチを受けたわけじゃない。言葉ではなく背中から教えられたのは、常に夢と希望をファンに与えていく姿勢だった。そこから、プロレス人生の中でどんな状況に追い込まれても俺は生き抜いてきた。力道山からの教えを自分なりに守ったという達成感があの笑顔になったと思います。

それと、引退って涙を流して去っていくのも一つだけど、幕を引いていくときの自分なりに、カッコよくありたいっていう思いもありました。

**村松**　あの笑顔は、すごくいい笑顔だった。引退じゃなくて門出《かどで》みたいな笑顔だった。僕は、あの時にセンチメンタルになっている観客に「バカにならなくちゃいけない」「これで終わりだと思ったら大間違いだぞ」などいろんな意味があの笑顔にあると思いました。猪木さんが語った笑顔の意味を聞いて、それは言う通りだと思う。だからといってあれだけの笑顔はできない。猪木さんは、笑顔千両ですよ。

笑顔の引退試合から二〇年後の二〇一八年四月四日、東京・虎ノ門のホテルオークラで引退二〇周年パーティが開かれた。ブルーのスーツに赤いネクタイとマフラー姿で登場した猪木は、あいさつの最後を恒例の「一、二、三、ダァー」で締めくくった。

**村松**　僕は、日本での猪木さんの公式な会に初めて出席させてもらった。猪木さんは「ダァー」ってやる時、ボタンを「それでは」って用意しながら外すんですよね。あの瞬間、ザワッと鳥肌が立った。今の猪木さんにとって、あそこを猪木らしく「ダァー」ってやるのは、体調的に大変なエネルギーかもしれない。そんな状態だけど、ただボタンを外しているだけで、昔のガウン、タオルを巻いたリング上の姿を思い起こさせる……もちろん、見ていても感じない人もいると思うけど、そこの空気に向かって必死の形相で拳を掲げているアントニオ猪木って、これがオーラの力かなと思った。オーラが違う。他の人には絶対にない。オーラって何か？　と訊かれると困っちゃうんだけど。

**猪木**　村松さんがそう言ってくれるのはありがたいんですが、正直言って、もう俺の体はボロボロで、俺の体を解剖したら首から腰からひどいもんだと思いますよ。

闘魂っていう言葉を自分で掲げたんですが、あれは、力道山が亡くなる最後の頃に色紙に「闘魂」と書いていたのを使って今に至っているんです。闘魂って、狭い意味の闘う魂だけじゃなくて、もっと奥の深い部分というのか、人生は自分との闘いであって、どっかで萎《な》えている部分があってもそこに自分で火をつけなければ、っていう意味もある。

だけど、今はもう大変。風が吹いたら消えちゃうような感じですよ（笑）。

**村松**　今、猪木さんが公の場所に出る時、わざとヨボヨボのような感じで出てくる。あれを国会でもやるし、パーティでもやるし、「猪木さん元気ですね」って言うと、「いやぁ、もう……」ってふらふらの身ぶりをして応じて見せる。猪木さんとしては本当にそういう状態なのを、あえてさらにパロっているジョークでもあると思う。そのあたり、僕の見た東京駅のアリに似てきた。やっぱり時のものがたりだなと思いますね。二〇一七年一〇月に生前葬をやったわけですが、そういうところともつながるセンスなんだろうけど、そこを深く感じ取る人はあまりいないかもしれない。

猪木さんが国会でよく言うダジャレもそうなんですよ。この前も「国会の委員会で、私がしゃべったダジャレが議事録に残っていますから、それをまとめて本に出したらどうですか？」と言われたんです（苦笑）。そこだけ見ると大丈夫かなと思うんだけど、そういう自分を客観視して、世間と一緒になって、せせら笑っているようなところもある。いずれにしても、猪木さんを後付けするのは難しくて、つじつまを合わせようとすると分からなくなることがいっぱいある。

矛盾がアントニオ猪木なんだって思ったりもするけど、謎解きができない。だってアントニオ猪木だから。小説と実人生の違いというようなこととも別の次元なんです。猪木さんというのは、肉体そのものでぶち当たっていかなければならない人生を歩んできて、しかもそれを楽しむ感覚と、不思議な向上心を持ち続ける、謎の生命体ですよね。

## 「アリに会いに行きたい」

**猪木**　真実か嘘か。俺は背中を猪木ファンに見せていかなければいけないと思っているんです。今は政治もパフォーマンスばかりですが、パフォーマンスは悪いことばかりではなくて、いろんな形がある。その中で俺なりの気づきに至るためには、いろんな批評をする人が大切なんですね。外から見てくれる目があった方が、自分自身では気がついていない部分に目が行くようになる。そういう意味で俺にとって村松さんとの出会いは非常にありがたかった。アントニオ猪木って何だろう？っていう問いかけや磨きを、自分なりにかけることができるんです。

**村松**　アントニオ猪木って何でしょうね……？　やはり未確認飛行物体としか言いようがない。それが一番当たっている評価じゃないかな。一つの人間の景色として見た時に、やっぱり飛行し続けている未確認物体なんですよ。謎をかけるっていう意味では、猪木さんにはスフィンクス的な部分がある。不可解さっていうか、しかもそこから放たれてくる謎を、こっちが解明したくなるような、こちらの中に眠っている価値を誘い出してくれるようなね。

猪木さんには、いい意味の鈍感力がある。それとあの問答無用の笑顔でどれだけ危機を切り抜けてきたか、計り知れない。「バカになれ」っていうことの幅の中に、ものすごいレベルのバカと普通のバカがあるわけじゃないですか。その全部を持っているようなところがあります。

猪木さんを表現する時に、「正と負」とか、あんまりプロレスとは関係ない言葉をもてあそぶのが僕は好きなんですけど、それは何も僕のオリジナルな批評じゃなくて、猪木さんはそういうものをあらかじめ体の中に入れているようなところがある。だけど、答えは出ないですよね。いまだに分からない謎です。一つ思うのは、猪木さんのスケールをとことん小さくしていくと、自分に当てはまる部分があるんですよね。これがいわゆるイノキ病の症状かもしれない。


**猪木**　アントニオ猪木とは、自分なりに検証すると、そこにいる人の心をつかむんじゃなくて、その人の心の中に眠っているものを目覚めさせる存在。横を向いているヤツは、そいつが自然と振り向くようにしてやるよって、これが俺の生き方ですね。リングに上がっていた時は相手を怒らせて燃えさせることができたんだけど、今はなかなかできなくてね。そこが困っちゃうところです。

多分、俺は長生きしないと思います。今、七五歳で、あと二年でじいさんが死んだ歳《とし》になる。何とかそこまでは。でもそこから先は、ただ長生きするだけならカッコ良く逝《い》きたいっていう思いはあります。

一つだけ、ヨボヨボになってもやりたいことがあるんです。それは、アリの墓参りに行きたい。亡くなってから行ってないんですよ。だから、アリに会いに行きたい。それが今の俺の、ささやかな夢かな。

# 〈あとがき〉のようなもの

村松友視

この本は、実にユニークなベースのつみかさねによって成り立っていることについて、これから申し上げたい。

第一のベースは、一九七六年に世界中の好奇心と注目を浴びて実現した、当時のボクシングWBA・WBC統一世界ヘビー級チャンピオンであったモハメド・アリに、〝日本の一介のプロレスラー〟であるアントニオ猪木が唐突に挑戦を表明し、曲折をへたあげく日本武道館において〝格闘技世界一決定戦〟と銘打たれて奇跡的に実現した、試合である。

この試合は結果的に両者の必殺ワザがヒットすることなく一五ラウンド引分けの裁定となったが、マスコミからは〝世紀の凡戦〟の烙印を押され、嘲笑と揶揄《やゆ》をはらんだ大バッシングを受け、大方のプロレスファンからも、失望と落胆と罵声が浴びせられた。

当時の私は、出版社につとめる編集者だったがプロレスファンのひとりでもあり、類型的なプロレスからの脱皮のかまえを顕著に見せはじめたアントニオ猪木が、力道山時代以来プロレスにまとわりつく蔑視感や差別感をこの試合によって一気に晴らしてくれる可能性に、一縷《いちる》の希みをたくす気分で、録画中継のテレビ画面を見守っていた。

そして予想通りとはいえ試合後の世間やマスコミからのあまりにも高飛車で差別感にみちたバッシングの巨大な渦に呑み込まれて苛立ったものの、けっきょくはその巨大な渦に反論するための言葉が見つからないことを弱々しく自覚し、押し黙るしかなかった。おそらく、当時の私の頭や心に、一般世間と同じ価値観が植え込まれていたせいではなかろうか……というのが、今となっての私なりの自省をふくんだふり返り方だ。

ただ、誰もが想像し得なかった世界のスーパースターたるモハメド・アリとの試合を奇跡的に実現させ、ボクサーの現役チャンピオンと真っ向から対峙したアントニオ猪木のロマンあふれる勇気と、正々堂々たる闘士の姿勢を書くための言葉の銃弾が自分の銃に装塡されていないのをかみしめた一事が、アリ×猪木戦の五年後に『私、プロレスの味方です』を書いて作家としてのデビューを果たしてからも、体の底に疼《うず》くうしろめたさの棘《とげ》としてずっと残っていた――。

一九九五年、私はアントニオ猪木による平壌《ピョンヤン》での平和イベントに同行した。その一行の中に、〝世紀の凡戦〟のそしりを受けたかの一戦のリングの中に存在した二人のみの絆によって育まれたアントニオ猪木との友情の証しとして、北朝鮮と国交をもたぬ米国当局の大反対を押し切って、イベントの〝立会人〟の肩書で出席するモハメド・アリの姿があった。すでに重度のパーキンソン病を患っていて、普通に歩くのもおぼつかなそうな生《なま》のアリと間近かに接した私の中に、体の底に沈んでいたうしろめたさの棘が、何者かの巨大な指によって弦のごとく弾かれるような感触が生じた——。

その二一年後である二〇一六年に他界したモハメド・アリの記念として、二〇一六年六月一二日に、〝世紀の凡戦〟と大バッシングされた件の試合の中継番組が改めて放送された。その試合の刻々のシーンをつぶさに見守るうち、四〇年前とは別物の試合として私の目にとらえられはじめた。私は、平壌で弾かれたのと同じ何者かの巨大な指で、体の底に沈みつづけるうしろめたさの棘が弾かれるのを感じた。そして同時に、私は四〇年前に装塡されていなかった言葉の銃弾が、いま自分の銃に装塡されたと直感した。そして、一年ほどかけて書き下ろしたのが『アリと猪木のものがたり』だった。

出版された直後から、私はおびただしい数のインタビューを受けたが、最初に手ぐすねを引くかまえであらわれたのが、報知新聞社の福留崇広さんだった。著者である私にとっての福留さんは、きわめて鋭い読解力と、プロレスという領域あるいはアントニオ猪木という存在に対しての熱い想い、そして真摯な追究心の持ち主だった。

福留さんは、著者たる私へのインタビューにとどまらず、その中の私の言葉や表現を猪木さんに向けるインタビューを加えたかたちで、彼流の解読をベースとしてその数回にわたるインタビュー記事を発表（「スポーツ報知」のホームページに二〇一八年一月一日から一月八日まで連載）した。そして、その記事に対するおびただしい数のアクセスに力を得て、その後も猪木さんと私の双方に何度もインタビューをかさねたあげく、ついに新聞記事にはおさまらぬ内容をはらむ一冊の本として仕立ててあげてしまった。対談を生中継したならば、無用な照れかくしや笑いをさそわんとするサービス精神の氾濫のあげく、とかく横道に迷いかねぬ猪木さんと私の特質をおもんぱかって牽制しつつ、私にとっても意外性のあるきわめて正直で魅力的なアントニオ猪木像を炙《あぶ》り出してくれた。

このような重層的なベースのつみかさねによって、このユニークな対談本は出来上がっているのであり、これはいわば三つの軸をもつ共著のごとき作品なのだ。そんな本の解説の役が私に回ってきたので、〈あとがき〉に「のようなもの」なる蛇足がつけ加えられたわけであります。

アントニオ猪木（あんとにお・いのき）

一九四三年生まれ。本名、猪木寛至。六〇年、日本プロレスに入門。七二年、自身の団体・新日本プロレスを旗揚げ。タイガー・ジェット・シンとの血の抗争、日本人同士のシリアスな対決、ボクサー、柔道家、空手家との異種格闘技戦など、従来のプロレスを超える「過激なプロレス」によって、熱狂的な支持を得る。九八年、現役引退。現在、参議院議員。

村松友視（むらまつ・ともみ）

一九四〇年、東京生まれ。慶應義塾大学文学部卒業。八二年『時代屋の女房』で直木賞、九七年『鎌倉のおばさん』で泉鏡花文学賞を受賞。著書に『私、プロレスの味方です』『夢の始末書』『アブサン物語』『幸田文のマッチ箱』『帝国ホテルの不思議』『老人の極意』『大人の極意』『老人のライセンス』『北の富士流』『アリと猪木のものがたり』等多数。

構成＝福留崇広（ふくとめ・たかひろ）

一九六八年、愛知県生まれ。國學院大学文学部哲学科卒。九二年、報知新聞社入社。現在、メディア局コンテンツ編集部所属。

# 猪木流
## 「過激なプロレス」の生命力

二〇一八年一〇月三〇日　初版発行
二〇一八年一二月二〇日　2刷発行

著者　アントニオ猪木
村松友視

発行者　小野寺優

発行所　株式会社河出書房新社
〒一五一―〇〇五一　東京都渋谷区千駄ヶ谷二―三二―二
電話　〇三―三四〇四―一二〇一（営業）
〇三―三四〇四―八六一一（編集）
http://www.kawade.co.jp/

組版　KAWADE DTP WORKS
印刷　モリモト印刷株式会社
製本　大口製本印刷株式会社

Printed in Japan　ISBN978-4-309-02740-1